ノンエリートのための
キャリア教育論

適応と抵抗そして承認と参加

居神 浩
編著

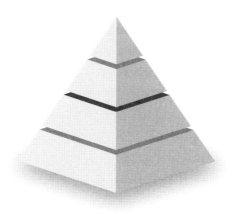

法律文化社

まえがき

　「ノンエリート」という言葉には，人々の心を何かざわめかせるものがあるのかもしれない。それは何かを否定しようとするニュアンスがこめられていると感じとられるからであろう。しかし，ここでの「ノン」は否定のニュアンスではなく，これまでの生き方の「見直し」であり，これまでとは異なる生き方を「（肯定的に）引き受ける」という意味で捉えていただくことを，あらかじめお願いしておきたい。

　さて，本書における「ノンエリート」の若者たちとは，ひとまずありていに言ってしまえば「学校の勉強が苦手であった，あるいは成績が良くなかった」人たちの総称である。もっとこの時代の文脈に引き寄せて言えば，「（学力偏差値で評価されるところの）良い学校，（社会で一般的に評価されるところの）良い会社」へのルートに（様々な事情で）乗れなかった人たちのことでもある。

　「キャリア」という言葉を「職業経歴」という狭い意味に限定して使えば，この国の「標準的な」（平均的という意味ではなく，人々の多くが目指そうとしている規範的な意味での）キャリアは長らく「良い学校から良い会社へ」という，いわば「エリート」ルートであった。しかし，今日このエリートルートをめぐる時代状況は大きく変わってしまった。それはまずは，ありていに言うノンエリートの若者たちが，エリートルートの最初の入り口である「高等教育」へ進学する機会が大きく増大したことによる。にもかかわらず，エリートルートの次のステップである「正社員就職」は相対的に拡大したわけではなく，むしろノンエリートの象徴ともいえる「非正社員就職」のルートが大きく広がってきた。

　このような時代状況のなかで教育現場に急速に浸透していった「キャリア教育」は，依然として「エリートキャリア」のみを標準的なキャリアとして前提に行われている。本書が追究しようとしているのは，エリートキャリアをまったく否定することではなく，またエリートキャリアより価値の劣ったものとし

ての「ノンエリートキャリア」を推奨することでもない。どちらのルートを歩もうとも，それなりの「矜持（きょうじ）」（自分自身に対する誇り）をもって，言葉のより広い意味での「キャリア」（職業だけでなく人生の様々な「役割」を自分自身の意思で「引き受け」，「形づくる」営為）を追い求めることができるような教育的支援のあり様である。

なお本書でいう「キャリア教育」とは，教科科目的に「キャリア」という言葉が冠せられている授業の内容だけを問うものではなく，上述の広義のキャリアを若者たちに考えさせる契機を与えるすべての教育的要素を総称するものである。その意味では，狭義のキャリア（「就職に役立つ授業」！）とはまったく関係のない専門的・教養的授業科目や，大学のキャリアセンターや若者就労支援機関が主催する各種の「キャリアセミナー」的なものとも関係のない若者支援的な「イベント」や「サロン」も十分「キャリア教育」の範疇に含まれる。

しかしながら，そのような意味でのキャリア教育はまだまだ試行錯誤の段階である。本書は体系的な教育論の提示を意図するものではなく，試行錯誤している「いま・ここの現場」（自らのキャリア選択にとまどい，動けなくなってしまっている若者たちと日々接している，その時間と空間）からの報告を主としながら，同じような思いを抱えている様々な現場の人々からの共感的理解を求めようとしている。本書の執筆者紹介をご覧になればわかるように，教育を直接の職業としない方々が半分を占めている。広義のキャリア教育の現場は学校の外にも大きく広がっていることを示したかったからである。

執筆者の方々には，私の最初の（実質的な）ノンエリートキャリア教育論である「ノンエリート大学生に伝えるべきこと——『マージナル大学』の社会的意義」（『日本労働研究雑誌』第602号，2010年）を共通の認識としながら，そこでの問題提起に必ずしも捕らわれずに，それぞれの現場からの独自の問題提起をしていただいた。

先に「共感的理解」と述べたように，様々な現場——それは大学だけでなく，高校や中学でもあるだろうし，地域若者サポートステーションやNPO法人などによる若者就労支援機関やさらには地域の一般労組など，教育とは直接的な関わりをもたないところまで広がるだろう——との「同じ思い」を少しでも共

有できればよいと思っている。しかし，それにとどまらず今度はそれぞれの現場からの「批判的な問い」（単なる批判ではなく，本書ではまだ論じられていない新たな問題提起）をぜひ立てていただければと考えている。

　本書が従来のキャリア教育に対するノンエリート視点からの新たな「問いかけ」の書となることができれば，この上ない喜びである。

編　者　　居神　浩

目　次

まえがき

序　章　ノンエリート大学生のキャリア教育の課題 …………居神　浩　1
▶「適応」と「抵抗」
1　社会政策論としてのノンエリート・キャリア教育論　1
2　ノンエリート大学生へのキャリア教育の実践的課題―適応と抵抗の戦略　7
3　市場の論理でしか語られない教育の議論　17
4　社会政策としての教育論の展開のために　21

第Ⅰ部　大学におけるキャリア教育論の実践と課題
「適応」と「抵抗」の側面

第1章　ボーダーフリー大学生が学習面で抱えている問題 … 葛城浩一　29
▶実態と克服の途
1　はじめに　29
2　ボーダーフリー大学生の実態　30
3　ボーダーフリー大学生に学習をさせる　36
4　ボーダーフリー大学生に学習をさせるためになすべきこと　39
5　おわりに：ボーダーフリー大学教員へのエール　45

第2章　やる気に火をつけろ！ ……………………………… 松本美奈　50
▶読売新聞「大学の実力」調査から
1　はじめに：偏差値と知名度だのみの陰で　50
2　火打ち石片手に立ち向かう　51
3　承認と居場所　58
4　現場は水浸し!?　67
5　大学に始まり，大学で完結する　70

第3章　ノンエリート大学生の労働者の権利に関する理解 … 林　祐司　72
　▶キャリア教育における労働者の権利教育の実施に向けて

1　はじめに　72
2　既存研究の整理と研究設問の設定　73
3　方　　法　78
4　結　　果　82
5　考　　察　88
6　分析の限界　92
7　おわりに　93

第4章　権利を行使することの困難と希望 ……………… 高橋慎一・橋口昌治　97
　▶NPO法人「きょうと労働相談まどぐち」と労働問題講座

1　はじめに　97
2　労働問題講座の記録（神戸国際大学）：若者と労働組合入門　100
3　若者とユニオン運動——橋口昌治さんへのインタビュー　111
4　若者と労働運動のこれから　121

第Ⅱ部　大学外部におけるキャリア支援の取り組み
　「承認」と「参加」の側面

第5章　ノンエリート大学生を対象としたキャリア教育の射程 … 児島功和　125
　▶生活実態に根差した〈キャリア教育／支援〉に向けて

1　はじめに：キャリア教育の布置　125
2　ノンエリート大学生の背景と学び　129
3　ノンエリート大学生の職業世界　134
4　ノンエリート大学生の人間関係と生活空間　138
5　おわりに：生活実態に根差した〈キャリア教育／支援〉　142

第6章　地域若者サポートステーションによる高校アウトリーチが示唆するもの …………………………………………… 熊澤真理　148
　▶キャリア支援と心理支援の融合の重要性

1　はじめに　148

  2 地域若者サポートステーションのアウトリーチ事業 148
  3 A校での取り組み 150
  4 高校に発達心理学的視点をもったキャリアカウンセラーが入る意味 159
  5 学校側からみるキャリアサロン 160
  6 3年間のキャリアサロンを通した支援効果 163
  7 まとめ 166

第7章 教育的アプローチによる自立支援の課題 … 上原裕介・繁澤あゆみ 170
    ▶「子どもの貧困」問題を通して
  1 はじめに 170
  2 学校でみえる「子どもの貧困」と教育実践 172
  3 「子どもの貧困対策」としての学習支援事業 182
  4 教育の限界をどう超えるか 191

終　章 これからのノンエリート・キャリア教育の展望 ………… 居神　浩 195
    ▶「承認」と「参加」に向けて
  1 目線をより低く，より遠くへ 195
  2 承認の戦略論──「サードプレイス」の創出 197
  3 参加の戦略論──「社会」の教科書 203
  4 政策論としての見通し──「若者政策」への展開 210

あとがき

執筆者紹介 （執筆順）

居神　　浩	（いがみ　こう）	神戸国際大学経済学部教授	
		編者　まえがき　序章　終章　あとがき	
葛城　浩一	（くずき　こういち）	香川大学大学教育開発センター准教授	第1章
松本　美奈	（まつもと　みな）	読売新聞東京本社編集委員	第2章
林　　祐司	（はやし　ゆうじ）	首都大学東京大学教育センター准教授	第3章
高橋　慎一	（たかはし　しんいち）	NPO法人きょうと労働相談窓口　相談支援員	第4章
橋口　昌治	（はしぐち　しょうじ）	立命館大学生存学研究センター専門研究員	第4章
児島　功和	（こじま　よしかず）	岐阜大学教育推進・学生支援機構キャリア支援部門 特任准教授	第5章
熊澤　真理	（くまざわ　まり）	京都若者サポートステーション GCDF-Japanキャリアカウンセラー臨床発達心理士	第6章
上原　裕介	（うえはら　ゆうすけ）	京都市山科青少年活動センター　ユースワーカー	第7章
繁澤あゆみ	（しげざわ　あゆみ）	京都市ユースサービス協会　子ども・若者支援室 支援コーディネーター	第7章

序章 ノンエリート大学生のキャリア教育の課題
▶「適応」と「抵抗」

居神　浩

1 社会政策論としてのノンエリート・キャリア教育論

　本書はキャリア教育を題名としているが，本質的にはキャリア教育の本ではない。社会政策論の本といった方が正しい。社会政策論とは一般向けに簡潔に説明すれば，「経済」が引き起こした「社会の問題」を（「個人的に」ではなく）社会的に解決するための政策を追究する学問といえよう。失業や不安定雇用などの「労働」の問題とか，高齢者の生活保障や介護などの「社会保障」の問題が，社会政策論の主な対象領域である。社会政策論の概説書を何冊か手にしてみると，たいていは労働と社会保障の問題が取り上げられているのがわかるだろう。ところが，ほとんどの概説書では（少なくとも明示的には）取り上げられていない問題がある。「教育の問題」である（ただし，これは日本特有の事情である。英米のsocial policyではeducationは歴とした政策対象である）。本書は教育を社会政策論が追究すべき政策対象領域であることを基本認識とする。

　では，教育の何が社会政策論の問題となっているのか。それは「新しい階級社会」［橋本, 2007］の出現と深く関わる。私が初めて「ノンエリートのためのキャリア教育論」を世に問うた論文［居神, 2010］のなかで示した図（**図表序-1**）に基づいて解説しておこう（なお，この論考では「キャリア教育」という言葉は使っていないが，読んでいただいたらわかるように実質的なキャリア教育論である）。

　「階級」という言葉は日本社会ではあまりなじみのない言葉であるが（になったのか？），社会的分業が進んだ近代以降の社会ではあらゆる社会に階級は存在する。「階級」とは「同じような経済的地位を占め，このために同じような労働のあり方，同じような収入水準にあるような人々」のことである［橋本, 2007：108頁］。近代社会，すなわち資本主義社会の基本的な階級構造は，生産

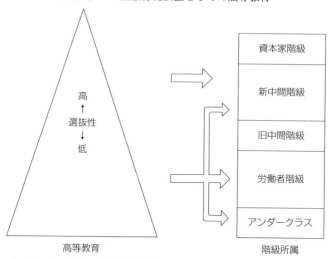

図表序-1 階級分化装置としての高等教育

出所：[橋本, 2009：89頁] を基に, 筆者（居神）作成。
注：新中間階級において女性事務職が除外されているのは, その大部分が昇進機会のない単純事務作業者だからである。また専門・管理・事務以外の職種とは, 具体的には販売・サービス職, 技能・生産工程職などである。これらもまた管理的職能への展望が開けにくい職種である。筆者（居神）としては,「労働者階級」の特質として管理的職能への見通しの度合いを強調しておきたい。なお[橋本, 2007]では労働者階級の下層に非正規従業員層を「アンダークラス」として新たな階級区分を加えている。

手段を所有し，生産手段をもたない労働者を雇用し，そして搾取（これもなじみのない言葉になってしまったが，「他人の労働の成果を無償で取得すること」である）する「資本家階級」と，生産手段をもたず資本家階級に雇用され搾取される「労働者階級」である。

ただし，その中間には自分で小規模の生産手段を所有し，他人を雇用せずに自分で労働に従事する自営業者や農民のような人々もいる。彼らは「中間階級」と呼ばれる。また近代化が進み，企業の規模が大きくなると，資本家階級に代わって企業の管理運営を任される人々も出てくる。彼らは資本家階級に雇われて働く一方で，普通の労働者とは違って大きな権限をもち，賃金も高い特別な

労働者である。彼らも中間階級なのだが，近代化以前から存在する自営業者のような中間階級と区別して，「新中間階級」と呼ばれる（前者は「旧中間階級」と呼ばれる［橋本，2009：87頁］）。

　このようにみると，近代社会には4つの階級が存在する。日本社会の特徴は，ごくごく簡単にまとめると，「企業社会」という言葉に象徴されるように，新中間階級も労働者階級も企業の「正社員」（企業社会の正統な一員）として同じような階級と多くの人々に意識されるところにある（「お仕事は？」と聞かれて，「○○社です」と答えてしまうような意識構造！）。かつて「中流社会」とか「一億総中流」と呼ばれていたように，本来的には階級社会の「下層」に位置づけられる労働者階級も含めて，多くの人々が自らを社会の「真ん中」であると意識できるような階級社会であった。言い換えれば，企業のエリートとして安定した地位を確保し，しかも業績次第で資本家階級なみの収入を得ることができる新中間階級と，正社員としてまあまあ安定した雇用のもと，それなりの豊かさを確保している正規雇用の労働者階級とが分厚い「中流」を形成していた社会であった［橋本，2009：89頁］。

　しかし，1990年代以降の経済の激変は，このような階級社会の構造を一変させた。これまでの労働者階級は生産手段はもたなくても，正社員の地位という貴重な財産をもっていた［橋本，2007：118頁］。そこに派遣やパート，フリーターなどと呼ばれる「非正社員」（企業社会の正統でない労働者）が分厚い層（雇用されている人の3割以上）をなすようになってきた。彼らの雇用は不安定であり，しかも極端に低賃金である（労働者階級の平均賃金の半分以下）。彼らは労働者階級の最下層であるとともに，伝統的な労働者階級よりも下にある別グループを形成しており，その意味では「階級以下の存在」，つまり「アンダークラス」と呼ぶことができる［橋本，2007：122頁］。ここに日本の階級社会は「新しい階級社会」の段階に達したのである。

　では，新しい階級社会の「社会問題」とは何であろうか。それは端的には，アンダークラスの貧困問題である。それは単に雇用が不安定であること，極端に低賃金であることだけにとどまらない。つまり，これまでの労働者階級と違って，家族を形成することも，また子どもを産み育てることも難しいという点で

問題の本質を大きく異にするのである［橋本，2009：182頁］。この点に関して橋本の次の文章をそのまま引用しておこう。

> 人々が結婚するなどして次世代を産み育て，新しい労働力を形成することを，経済学や社会学では「再生産」ということがある。人間の寿命には限界があり，人はいつかは老いて死んでいく。しかし，人はそれまでに次世代の労働力を形成することができる。つまり，人間を再生産する。こうして人間社会は存続していく。
> ［橋本，2009：188頁］

アンダークラスは経済的な貧困だけでなく，再生産もできないという意味で社会的にも「排除」されていくのである。

このように現代日本社会の階級構造と問題状況を俯瞰したうえで，教育と階級社会との関係を考えてみよう。教育をあくまで経済的な視点から「労働力の価値を高める営為」とみるならば，より高い教育は階級社会におけるより高い地位を保障するものである。かつての高等教育（大学進学率が1割から3割台程度であった頃）は，もっぱら新中間階級に労働力を輩出する機関であった。しかし1990年代以降の高等教育の大衆化（大学進学率が5割に達する）——それは奇しくも「新しい階級」の出現過程と軌を一にする——は図表序-1に示されるように，高等教育を多様な階級へと労働力を供給する機関に変質させていった。この点を居神は次のように記述している。

> ……従来の高等教育システムはもっぱら「新中間階級」となるべき人材を雇用システムに供給してきたのが，今日ではその選抜性（引用注：大学受験における競争倍率，偏差値にほぼ近似される）の度合いによってあらゆる階級への所属を分化させる機関へと変質してしまったと見てよい。その中で「マージナル大学」（引用注：大学間競争の時代にあって選抜性を著しく低下させた大学群を総称した私なりの造語）は管理職・専門職へのキャリア展開が期待できる「新中間階級」予備軍をわずかではあるが確実に「輩出」しつつも，「ホワイトカラー上層」へのキャリア展開が期待できない「販売・サービス職」などを中心とする「労働者階級」へと卒業生の多くを送りこまざるをえない。さらにフリーターやニートなどの「アンダークラス層」を「排出」する機関とさえなっているのである。
> ［居神，2010：32-33頁］

現代日本社会における階級構造を，新中間階級を中心とする「エリート」と，労働者階級およびアンダークラスを中心とする「ノンエリート」と置き換えて

みると，ノンエリートをしっかりと可視化した社会問題の把握，そして社会政策論の追究が求められるであろう。普通の研究者は，きちんと設計された調査を行い，データを収集・分析し，その結果を理論化していく。長い時間がかかるが，それが真っ当な研究者の営為である。しかし，幸か不幸か，私は社会問題が生み出される「現場」にいる。現場に求められるのは，いま，ここでの問題解決である。そこで私は真っ当な研究者の道からはずれて，「教育」による問題解決の道を選んだ（あらかじめ断っておくが，教育が社会のすべての問題を解決しないのは当然のことである。それでも問題が教育の現場で起きているのならば，そこで「何か」をしないわけにはいかないだろう）。

具体的には，「俗流キャリア教育」に基づいた問題解決の模索である（この言葉の出所は［児美川，2013］である。冒頭でも述べたように，本書は本質的にはキャリア教育論の本とはいえないので，キャリア教育をどう論じるべきかについてはぜひこの本を読んでほしい。この国のキャリア教育の状況から問題，展望にいたる最も本質的な議論が展開されているほとんど唯一の本であるから）。ここで俗流キャリア教育とは，私なりの理解では，「アンダークラスへの転落の恐れがある若者に，彼らの意思の涵養と能力の向上を促すことによって，新中間階級（あるいは企業社会の正統な一員）への道を（実現できなくても）展望させる教育」である。ただし，これにすっかり染まってしまうのではなく，むしろこれを徹底的に換骨奪胎することが本意である。

私がかつてイギリスの若年就労支援政策について考察した論考［居神，2007：62頁］の結びに日本の状況への示唆として引用した文章を，ここでまた引いてみよう。

　　……小学校の段階で「ものを習う」ことを放棄し，「ものを習う」仕方そのものを身につけずに大きくなってしまった子どもは，長じたのちも「自分が知らない情報，自分が習熟していない技術」をうまく習得することができない。
　　……このような子どもたちはもちろん大学でも何ひとつ学ぶことができない。そして無意味に過ぎた十数年の学校教育の果てに，低賃金の未熟練労働に就くことになるのである。
　　……彼らは「新しいプロレタリアート」である。彼らには社会的上昇のチャンスがない。彼らは権力からも利益の配分からもハイカルチャーからも情報からも阻害され

る。おそらくそのことの意味さえよく分からないままに。
　自分の意思に基づいて社会的上昇のチャンスを手放し，貧困と無知と被差別を進んで選ぶ人々がこのとき出現する。弱者との連帯のためでも自己陶冶のためでもなく，自主的に中産階級から脱落してゆく集団というのを歴史ははじめて見ることになるだろう。
［内田，2002：127-128頁］

　いま読んでもなかなか味わい深い文章である。イギリスの伝統的な階級社会では，労働者階級が経営者や管理者を捉える眼差しを表すのに"Them and Us"という言葉がある。これは「やつらとわれわれ」と訳されてきた。労働者階級の矜持をよく表す言葉である。しかし，1980年代に個人の自助努力を支配的価値観とする新自由主義の政策（この政策を主導した当時の首相マーガレット・サッチャーは「社会などというものはない。あるのは個人と家族だけだ」と言った）が導入されて以降，イギリスには長期失業の末に福祉受給に依存する，労働者階級とは異なる集団が出現してきた。すなわち，underclass（アンダークラス）である（イギリスのunderclassについては，［伊藤，2003］が詳しい）。underclassは「やつら」でもなく「われわれ」でもなく，もっとよそよそしく「かれら」とみなされるといってもよい。「やつら」のような形で敵対するわけでもなく，「われわれ」とは異なる職業倫理や生活様式を身につけたひたすら異質の集団と認識されるからである。しかし，これこそが「かれら」を特殊化することで「われわれ」を分断させる「やつら」の「言説戦略」（言葉やイメージによって自らが望む状況を自然に作り出す企て）とみなすこともできる（この点については，［Jones, 2014］の「労働者の悪魔化」という視点が興味深い）。上に引いた内田の文章は，日本におけるアンダークラスをめぐる言説戦略をきわめて的確に表現しているといえるだろう。
　俗流キャリア教育論が，「かれら」の自助努力や自己責任を徹底的に内面化させることを意図しているのに対して，私が考える換骨脱胎はそれに乗っかりながら，「かれら」を生み出す，この社会の「からくり」に気づかせることに本来の意図がある。かつて用いた言葉を繰り返すならば，「自分たちの置かれた社会的ポジションを正確に認識すること」である［居神，2010：32頁］。もっというならば，俗流キャリア教育論が自助努力や自己責任の内面化によって「個

人化」(「社会なんてものはない」!)を促すものであるとするならば、「われわれ」同士の「つながり」の回復を意図するものである。

そこがしっかりと認識できているならば、ノンエリートであることに恥じる必要はない(もちろん「エリートへの脱出戦略」を目指すのもまったく構わない)。ノンエリートはノンエリートとしての「矜持」(自分自身に対する誇り)をもって、自分たちの生活をより良くしていくための方策を「みんなで」考えていけばいい。

「マージナル大学」——それは「市場の論理」では、市場から淘汰されることが予定されている「限界領域」にある大学を、やや自虐的に表現した言葉ではある——の教員は、ノンエリートの若者たちにそうした矜持をもたせる(変革の主体の創出!)ことで、「現場」からの社会政策を提示できるかもしれない。その意味では、マージナル大学の教員もそれなりの矜持をもってよいし、またマージナル大学の「社会的意義」を主張してもそれなりの意味はあるだろう。

2 ノンエリート大学生へのキャリア教育の実践的課題——適応と抵抗の戦略

それではノンエリート大学生に対するキャリア教育は具体的にはどのような戦略に基づいて実践していったらよいのか。この点については、学生たちの「わからなさ」にとことんまで付き合うこと、そして卒業生が送るノンエリートとしての職業人生の「しんどさ」に思いを馳せることをかつて示唆しておいた [居神, 2010：35, 37頁]。ただし、それらはいわば志レベルでの所信表明であったので、本書ではもう少し具体的な実践論を展開してみよう(以下の議論は [居神, 2014] を基にしている)。

● 「適応」の能力開発のために

最近では大学生の基礎学力の低さについて、「小学校の算数もできない」、「中学校で最初に習う英語の文法も理解できていない」などとよく揶揄されるが、それは何も大学でつくられたものではなく、小学校から中学校そして高校にいたるまでの12年間にわたる教育の結果であり、それだけこの国の学力は剥落

する傾向にあることはよく認識しておかないといけない。言い換えれば，中等教育段階ではいまだ達成されていない普通教育の完成を高等教育段階でいわゆる「リメディアル教育」（「補修教育」）として保証するのが，「キャリア教育」につなげていくための大前提となるであろう。

　そのような認識に立った現場からの貴重な実践的提言として，小学校と中学校の教員であった杉浦和彦の「小中高をむすぶ学力20の指標」は，初等・中等教育から先送りされた基礎学力の課題に直面せざるをえないマージナル大学の教員にとって実に傾聴に値するものがある［杉浦，2010］。そしてこれはそのまま，マージナル大学におけるリメディアル教育の到達水準になりうるものだと考える。そこでまずは，杉浦氏の提唱する「学力20の指標」を私なりに6つの領域に再構成して示すことにしよう。

　1　国語基礎能力
　　①教育漢字（小学校で習う1006字の漢字）の90％を読み，80％を書くことができる。
　　②適度な速さと大きさでノートに文字を書くことができる。
　　③主語・述語がわかり，助詞が使い分けられる。
　　④動詞・名詞・形容詞を見分けることができる。
　　⑤ローマ字の読み書きができる。

　2　国語教養
　　⑥名作と言われる文学・伝記・科学的読み物を年に2冊は読んだ経験がある。
　　⑦いくつかの詩歌・諺などを暗唱した経験がある。
　　⑧国語辞典・漢和辞典を使い，未知の語句を調べることができる。

　3　コミュニケーション能力基礎
　　⑨あるがままの事実を時間的経過をたどって書き綴ることができる。
　　⑩一定の分量の話を整理し，人に伝えることができる。

　4　計数能力基礎
　　⑪四則計算がよどみなくできる。
　　⑫基本的な単位換算ができる。
　　⑬基本的な図形が見分けられる。
　　⑭時間・距離の目算や概算ができる。
　　⑮割合（比・歩合・百分率）の意味がわかる。

5　社会理解基礎
　⑯地図の上で東西南北をたどり，簡単な略図を描いて道案内ができる。
　⑰日本列島のおおよその形を描き，都道府県の位置がわかる。
　⑱代表的な世界の国々の位置が予想できる。

6　学習習慣
　⑲家庭学習（最低1時間）が習慣になっている。
　⑳学習用具の使い方に習熟している。

　一見すると，これがなぜ「小中高をむすぶ学力」なのかと訝しく思う方もいるかもしれない。しかし残念ながら，このような水準の学力でも十分に達成できていないのが，この国の初等・中等教育の現状である。杉浦氏はもともと小学校の教員であったが，中学校の教員になって初めて，このような学力の剥落状態を知ったという。彼は自省の念をこめて，多くの国民（それは私の言葉では「ノンエリート大学生」ということにもなる）の願いは「学び直しに効く学力」であると語っている。実に含蓄に富んだ文章なので，やや長くなるが，以下に引用しておこう。

　　多くの国民は，世界を驚かすような大発見をするための学問や，大会社の経営に参画する知識を，と考えているのではありません。きちんと働くため求められる知識，将来への希望を支える知識や技の習得のための基（もとい）となる学力をつけてやりたい，途中で希望が変わり，やり直したいと思った時に，必要な知識や技の学びを支えるだけの学力をつけてやりたいというのが現実の願いです。しかし，学校現場はほころびを見せ，子どもたちの学ぶ意欲や学ぶ基となる知識は衰えています。その衰えは，誤った判断，単純で狭い思考，社会や弱者へのいわれなき攻撃に向かい，悪知恵と偽装，技術のミスとして現れています。　　　　　　　　　［杉浦，2010：14頁］

　「きちんと働くため求められる知識，将来への希望を支える知識や技の習得のための基となる学力」，これこそが「まっとうな企業に雇用されるための能力」［居神，2010：33頁］，端的には「適応」のための能力である。たとえ本意ではない就職をしてしまったとしても，「途中で希望が変わり，やり直したいと思ったときに，必要な知識や技の学びを支えるだけの学力」がついていれば，自らの意に沿う就職の可能性は開けてくるだろう。

「学力20の指標」に即してもう少し具体的にいえば,「国語基礎能力」と「計数基礎能力」の上に, 例えば,「漢検」の２級レベルぐらいの漢字知識や, 会社の数字を扱うにはどうしても必要な損益算の理解があれば, 就職の筆記試験でよく用いられるSPIテスト(「言語検査」と「非言語検査」からなるが,要は「国語」と「算数」の問題である)の最低限はクリアできるはずである。また「国語教養」や「社会理解基礎」の上に新書や新聞を読む習慣がついていれば, 就職の筆記試験で一般常識試験(SPIの内容をベースに, 社会や時事問題などが加わる)が出されても十分対応できるようになる。さらに「コミュニケーション能力基礎」の上に社会人と会話する機会を増やしていけば, 就職の面接試験も問題なく切り抜けることができるだろう。もっというと, 在学中の学習習慣は社会人になってからの自己啓発を通じて, より高い収入を期待できる可能性があるとの研究結果もある［矢野, 2009］。

　より直接的な職業能力の開発を目指すのならば, 例えば, 業種・職種を問わず社会人に必要な仕事の基礎能力を客観的に評価する検定試験として(民間団体によるものであるが, 文部科学省が後援している)「ビジネス能力検定試験」(通称Ｂ検。2013年度からは「ジョブパス」に名称変更されている)がある。この３級レベルは, これから社会人になる人, 新入社員に必要な基礎的能力を評価するもので, 内容としては, ビジネスマナーとコミュニケーションの基本のほか, 情報の収集やその分析のための表・グラフの作成, 業種・業界の知識, 売上と利益の計算など仕事の基本に関わる知識を問うものであり, リメディアル教育とも接合しながらキャリア教育として汎用的な職業能力の育成を可能にする内容となっている。

　ただし, ここで「汎用的」と条件づけしたように, 教育機関でできるのは入職レベルにおいて一般的な訓練可能性を高める段階までであり, それ以上の本格的な職業訓練は専門の職業訓練機関に委ねるべきであるというのが私の見解である。

　なおＢ検３級の合格率は, 例年およそ80％前後と平均的にはそれほど高くないハードルであるが(ジョブパスになってもだいたい同じような水準のようである), これは「学力20の指標」レベルの基礎学力水準に達していないと, なか

なか越せないレベルではある。そして実際, マージナル大学における入学者の学力レベルはそれをはるかに下回っている現状にある。

しかし, そのような状況をさらに放置してしまえば, 若者の意欲や学ぶ基となる知識はますます衰えていく。そして, その衰えは, 誤った判断, 単純で狭い思考, 社会や弱者へのいわれなき攻撃に向かい, 悪知恵と偽装, 技術のミスとして現れ, この国全体の衰退へとつながっていくであろう (「マージナル大学」の市場からの淘汰を主張する人々は, 中等教育機関以降の教育機関の消失がどのような社会的損失を招くか, ぜひ思いを巡らせていただきたい)。

● 「抵抗」の能力開発のために

このように「適応」の能力を何とかして身につけさせても, 非正規雇用の急増に象徴される現在の労働市場の動向は, かれら「ノンエリート大学生」の歩む職業人生に様々な「しんどさ」を突きつけるであろう。その「しんどさ」は単に非正規雇用にともなう低処遇や不安定さだけでなく, 正規雇用の道に進めたとしても十分予想されるものである。

かつての大卒ホワイトカラーを中心とした「エリートモデル」は, 会社組織への過剰ともいえるコミットメントによって, 管理職への昇進さらに経営者への展望をも抱かせるものであったが, いまやそのような「見返り」は正規雇用においても十分に保証されるわけではない。現在, 社会問題化している「ブラック企業」は過剰なコミットメントが何らの見返りも与えない典型例であろう。

そのような現状をよく認識すれば, 会社組織とは一定の距離をおいたキャリア (職業人生) モデルをもっと考えてもよいはずである。欧米の「ふつうの人」は, 若いうちは賃金は上がるが, 10年程度で打ち止めになり, その後は仕事の中身に応じた賃金となる。まっとうな生活を営むうえで, 会社から保障されない部分は, 国の保障＝社会保障の役割となる。それがあって初めて, 残業はほどほどで, いわゆる「ワークライフバランス」のとれた生活を送れるようになる [海老原, 2012]。日本でも昇進の天井を定める代わりに勤務地を一定地域に限定する「地域限定社員」制度を導入している企業も少なくない。会社組織そのものではなく, 会社内の「職務」 (欧米でいわれる「job」にコミットメントを

限定した，もっとわかりやすくいえば「そこそこの働き方」を志向する）「ノンエリート」のキャリアモデルを学生たちに提示したいところである。

しかし現実には，正規・非正規雇用の間の待遇上の懸隔は依然大きく，そのいわば中間に「限定正社員」の制度を確立しようという議論が起こりつつあるが，現時点では単に解雇しやすい正社員を増やすだけのことだと反対の意見も根強い。しばらくは非正規のキャリアをいわば「デフォルト」（既定の職業人生）として，それにともなう様々な「しんどさ」に対抗できるだけの知識を与えておくほかない。この点についてはすでに大学の研究者だけでなく，NPOや地域労組，さらには地方自治体レベルでも様々な教育的取り組みが行われつつある。その主な内容として，先に触れた児美川は以下のような項目を挙げている［児美川，2013：155頁］。

①非正規の働き方の多様な形態，それぞれのメリット・デメリット等についての学習
②次のステップ（例えば，正社員への転換）への見通しの立て方の学習
③公的な職業訓練や求職者支援制度などについての情報提供
④労働法についての学習，相談・支援機関についての情報提供
⑤同じプロセスを歩むことになる者どうしの仲間づくり

以上の内容はすべて，私が担当している「労働経済論」や「社会保障論」の授業などで実践しつつあるものである。ただ①〜④のような知識や情報に関するものはいくらでも個々の授業の中で提供できるのだが，⑤については児美川も指摘しているように，学校教育全体で取り組むべき課題であるように思われる。本来的に企業の論理とは隔絶した次元にある（べき）大学の文化の中で育まれるであろう「困難に向き合えることを支える仲間の存在を実感すること」こそが，単に労働に関する法的知識や制度的情報を頭に入れておくよりも，かれらの長い「しんどい職業人生」の力強い支えになってくれるはずである。

この点に関連して，もう1つ内容的に付け加えるべき事柄があるとするならば，（職場だけに限らず）何か納得できないことがあったときに，「仕方ない」とあきらめてその場を立ち去ってしまうのではなく，「それはおかしい」と率直に自分の思いを声に出して相手に，あるいは社会に伝えていく「気概」なのではないかと考えている。この点について，道幸は職場の権利教育に関する論考

の中で,「心構え・気合・許せないというある種の正義感が重要であるが,これが一番教えることが難しい」と述べている［道幸,2012：15頁］。まったく同感である。私はこれをかつて「まっとうでない現実への『異議申し立て力』」と表現してみた。まさしくノンエリートの抵抗の源泉として欠かせない力量であるが,確かに教えることが難しい。私は授業の実践論としては,支援者との対話,特に地域の一般労組の方の声を聴かせることを心がけている。それは「おかしいことはおかしい」といってよいのだという安心感を与えるためである。そして卒業後の職業人生において理不尽なことに遭遇した場合,「あの時のあの人に相談すればよい」という「つながり」の意識をもたせるためでもある。

「ブラック企業」という言葉はすっかり社会的な認知を得た感がある。ブラック企業に引っかからないための教材や教育的方法論もすぐれたものがどんどん蓄積されつつある。それはきわめて喜ばしい傾向ではあるが,より広くまっとうでない現実への「異議申し立ての力量」の育成という方向への展開をさらに求めていきたいところである。

● 「適応」と「抵抗」の間で

ところで以上の議論はあくまで教育の範疇におけるものである。しかし,大学教育の現場ではこうした教育の論理を超えた課題を抱えた学生にも対応せざるをえないという現実がある。それは家庭の経済上の問題であったり,本人の発達上の問題であったりと学生によって様々である。その実態について詳細に述べることは避けるが,かれらの存在に真摯に向き合おうとすれば,「適応」や「抵抗」の能力開発といった教育的アプローチでは十分ではない。では何が必要かといえば,おそらく「ソーシャルワーク（社会福祉）的アプローチ」ではないかと考えている。この点についてはまだ体系的に論じる段階ではないが,大学が真剣に取り組むべき課題として試論的に触れておくことにする（［居神,2013c］も参照）。

さて,ソーシャルワークにおける支援は通常,①「インテーク」（主訴の把握）→②「アセスメント」（課題の見立て）→③「プランニング」（計画の策定）というプロセスをたどる。この最初の段階で,学生が自らの進路決定に向けてど

ういったところでつまずいているのか，声にならざる声も含めて，正しく捉えなければならない。

　つまずきのきっかけは，おそらく大学入学以前から始まっているものと思われる。同級生や上級生などからのいじめ，学校の先生との対立，家族間の不和などから，不登校などの不適応経験が多かれ少なかれあるはずである。そこから現在も，行動面の問題として，こだわりや異常行動，昼夜逆転などの生活リズムの乱れ，インターネットやゲームなどへの依存行動がみられるかもしれない。さらには，精神疾患や知的障害の疑い，そしてこれがどこの大学でも問題視されてきているのだが，学習障害やADHD，アスペルガー症候群などの発達障害の疑いなども配慮すべきかもしれない。このような領域でのアセスメントについては，臨床心理士や精神保健福祉士だけでなく精神医学などの専門性が要求されるようになる。

　このようにしてきちんとしたアセスメントに基づいて個別の支援プログラムが作成されたら，まずはスモールステップで目の前の課題を少しずつクリアしていくことが重要である。そしてある程度の課題をクリアできたら，大学卒業後の具体的な進路について目標設定を行う段階に入っていく。例えば民間企業への一般就労を目標とした場合，なかなか「定番の就活路線」には乗れない可能性がある。そうすると，それとは別ルートの就職先の開拓が必要になる。ここでは，障害者就労の「ジョブコーチ」（職場適応援助者）のような手法で，受け入れる企業側への適切なアドバイスができる専門家，例えば中小企業診断士や社会保険労務士などの専門性が要求されるであろう。

　現在のところ，こういった支援は，ＮＰＯ法人や地域の若者サポートステーションなど大学の「外部」で行われている。また，こういった機関における相談者に占める大卒者の割合は増えてきているという。それならば，大学在学中からこのような専門家がチームとなって，いわゆる「アウトリーチ」（支援の手の差し伸べ）の手法でもって，大学の「内部」でアプローチをかけられる体制づくりが必要なのではないかと思われる。

　いくつかの若者サポートステーションなどではすでに実践されているが，就労から距離がある若者には，まずは社会体験や仕事セミナーから始まり，簡単

なジョブトレーニングを受け，短期間のインターンシップを体験してみるなどの段階的アプローチが有効である。それならば，大学を卒業して「無業者」となってからでなく，大学在学中からの「アウトリーチ」により，できるだけ早期に効果的な支援の手を差し伸べることを真剣に検討すべきではないだろうか。

　しかし現実には，このような一群の学生たちの存在が大学の内外できちんと認識されているとはいいがたい。認識したとしても，それに対応するだけのスキルが大学の教職員にはない。さらに大学経営の立場からすれば，入試広報の戦略上は，そういった学生は「就職率」の分母から（「就職を希望しない学生」として）削ればよいので，何らかのケアをしようとするインセンティヴが働きにくい。したがって，かれらは大学からいわば「ネグレクト」された形で，本来必要な支援が受けられないまま，大学を離れていってしまうのである。

　この「ネグレクト」（必要な配慮の怠り）は意図的というよりは，教育機関であることの必然といった意味で構造的なものである。構造的に「不可視」の状態におかれたまま，卒業後に『学校基本調査』という公式統計上「進学も就職もしなかった者」という形で，あくまで数字として立ち現れてくるが，教育現場におけるかれらの実態は依然不可視のままである。

　では，どうすればよいのか。なかなかすぐに決定的な解決策が見出されるわけではないが，少なくとも「教育」のアプローチでは，この問題は解決しがたいことは明らかであろう。あえてスローガン的に言えば，「ソーシャルワーク（社会福祉）的アプローチによる進路支援」を大学の内部で実施できる体制づくりを，ということになろう。

　ただここで急いで明確にしておくべきは，教育的アプローチの限界を指摘したのは，大学教育の責任外であることを主張したいがためではない。むしろ逆に，教育とは異なるアプローチを取りながらもなお，大学はいったん受け入れたすべての学生に最低限の「職業能力」をつけさせるとともに，「市民」としての責任を果たしうる者として世に輩出する責任を担っていることを明確に述べておきたい。

● 「良き職業人」と「良き市民」の育成に向けて

　居神［2010］では，「まっとうな企業に雇用されうる能力」とともに「まっとうでない現実への『異議申し立て力』」についての論点を提起したが，本書ではそれらを「適応」と「抵抗」（その間におかれた者へのアプローチも含めて）の能力開発として少し具体的に実践論を展開してみた（なお，この「適応」と「抵抗」は，［本田，2009］で提起された議論を私なりに再解釈したものである）。

　さて，ここでこれまでの議論を端的なキャッチフレーズにまとめてみると，「良き職業人」と「良き市民」の育成ということになるだろうか。「良き職業人」とは「ノンエリート」のキャリアモデルに象徴されるように，会社組織と一定の距離をおき，会社内の職務（もしくは会社を超えた「職業」）にコミットすべき「ワーク」の範囲を限定し，「ライフ」（職業以外の生活）とのバランスを取ろうとするキャリアを志向する人を意味する。

　「良き市民」の育成については，現在多くの大学で導入されてきている「非正規雇用のリテラシー」をはじめとした「労働法教育」の重要性がひとまず指摘できよう。ただそれは，単なる知識や制度の紹介・理解にとどまってはならないことを再び強調しておきたい。本当に重要なのは，自分たちの力で自分たちの職場をより良く改善できるという信念を抱かせるための教育である。その意味では，労働者が団結することの力（最近退潮の一途をたどっている労働組合の力量とはまさにこの点にある）を伝えない労働法教育は真の「異議申し立て力」の育成にはつながらないと考える。

　この点をもっと一般化して述べれば，「異議申し立て力」の概念は，人々の様々な思惑やニーズがぶつかりあって先送りにされてきたこの社会の課題を，少しずつ丁寧に解きほぐしながら，少しでも良い方向に向けて地道に解決しようとする「市民の力量」を育成することにまで広がる。今から思えば2011年3月11日の東日本大震災は，そのことを私たちに気づかせてくれる最大の契機であった。ところが時代の流れは，そうした力量をもった「市民」の間での話し合いを通じた調整のプロセスよりは，社会全体を一気に変えようとする「ヒーロー」の出現を待望する方向［湯浅，2012］に向いているように思われてならない。

　「満たされない自分の思い」をすべて社会の責任にしたり，あるいは誰かに

解決してもらうのではなく，また別の「満たされない思い」を抱えた他者と関わり合いながら，今よりは少しでもマシな解決策を導き出すための力量を身につけさせることこそ，大学教育が担うべき「市民性の育成」という課題ではないだろうか。

　この点に関しては，スウェーデンの中学社会の教科書を翻訳した『あなた自身の社会』（川上邦夫訳，1997）が大変示唆に富む。この教科書では，訳者まえがきに述べられているように，「人は各人各様の意見をもつ一方，共通した悩みや問題を抱えていること」をわかりやすく指摘している。そして「恵まれない家庭環境に育った者も，犯罪を犯した者も，自分の能力に自信のない者も，何にたいしても興味や関心をもてない者も，そうした状況を克服して建設的な生き方ができること」を繰り返して主張している。さらに「社会を動かしているあらゆる制度や規則は，異なった見解をもつ人々の妥協の結果として存在しているが，もしより多くの支持者を獲得できるならば，それらを変えることが可能であること」を子どもたちにメッセージとして伝えている。

　初等・中等教育において，このような「市民性の育成」を意識した教育が行われていれば何もいうことはないが，現状をみる限りは，高等教育がポスト中等教育機関としてそれを担わざるをえないような状況がある。マージナル大学は「職業大学」に特化すべきという見解もあろうが，先にも述べたように，職業教育に重点を移しつつ（ただし，それはあくまで入職レベルの汎用的技能にとどまるのであるが），「市民性の育成」にも気を配った（実にアクロバティックな）教育を志向すべきというのが，私の考えである（この点は終章において，再び検討する）。

3 ▍市場の論理でしか語られない教育の議論

●市場の声と大学の「生き残り」

　しかし残念ながら，このような思いは「市場」にはなかなか届かないようである（なお「市場」とは，ここではひとまず「18歳人口のうち大学進学を希望する高校生およびその保護者，あるいは高校の進路担当教諭など」を指すものとする）。汎用的な「職業能力」の開発に努めながら，なおかつ「市民性の育成」にも配慮する

大学教育といっても，おそらく「市場」はほとんど評価してくれない。

　例えばこの点に関して，児美川［2013］は，「正社員モデル」を前提とした「俗流キャリア教育」を批判して，「非正規雇用を見据えたキャリア教育」の必要性を主張している。その内容については先に引用したとおりであるが，さらに続けて「生徒も保護者も，とってつけたような『正社員』就職への支援ぶりをアピールするような高校や大学にはそっぽを向いて，『残念ながら，全員が正社員として就職できるわけではありません。しかし，そうなった時への準備教育と，卒業後のフォローについては充実した支援体制を組んでいます』という学校を支持すればよいのである。高校も大学も，慌ててその姿勢を転換するだろう」［児美川，2013：54頁］と述べている。しかし今のところ，そのような支持をいただくことはほとんどないし，よって高校や大学が慌ててその姿勢を転換することも起きていない。

　現実として高校や大学が「就職実績競争」に走らざるをえないことは児美川もよく認識している。すなわち，「うちの高校（大学）では，非正規雇用になっていく生徒（学生）に対するキャリア支援が充実しています！」などと宣伝したところで，生徒（学生）確保の好材料になることは，ほぼ間違いなくないだろう。むしろ，マイナスの効果を生むだけである」［児美川，2013：153頁］。そのような状況の中で就職実績競争から抜け出せるようになるためには，日本社会に根強い「正社員モデルへの信仰」をなくすという提言を行っているのだが，しかしそれは現時点ではきわめて困難だろうと私は考える（［居神，2013d］も参照）。

　なぜならば，教育に関しては「市場の声」が圧倒的に大きいからである（ここでは「市場」を広く「教育サービス」の「消費者」一般という意味で用いる）。市場の論理では私的な投資がどれだけ私的な便益となるかが唯一の評価基準となる。現在の労働市場を前提とするならば，「正社員モデル」（正社員就職が最も「安定」した職業人生を送ることができるという考え方）が支持されるのは当然の帰結であろう。実際，私も学生たちにはまずは，正社員モデルを推奨はしているのである。わざわざ非正規雇用のリテラシーを高めることだけを大学教育の「売り」（教育を「サービス」と捉えるならば，「売り」という言葉が適当だろうし，また大

学広報では現に常用化されている）にしているわけではない。「売り」を強調すればするほど，むしろ，正社員モデルへと学生たちを誘導せざるをえなくなる。

　しかし，「正社員モデルの内面化」（「俗流キャリア教育」！）だけで安定的な職業人生を歩めるのかといえば，それは実に「甘い」考え方だといわざるをえない。現実に非正規雇用が雇用者の3割を大きく超えるようになった現在の労働市場において，若年者がその長い職業人生のどこかの時点で非正規雇用に就くことになるのを想定しておくことこそが現実的な考え方だと個人的には考える。しかし，就職実績競争に巻き込まれた高校や大学では，そのような現実は想定外にした方が確かに「生き残り戦略」としては合理的なのだろう。

　こうして，「市場の声」に従えば従うほど，大学は生き残りの確率を高めることができるのだろうが，そうすると大学の教育内容は驚くほど似通ったものになっていく。試しに書店などで各大学の教育内容に関してまとめた雑誌を手に取ってみると，ほとんどの大学が「グローバル化」とか「国際化」を全面に打ち出しているのに気がつくだろう。多くの日本企業の課題が「グローバル化」「国際化」であるならば，そうした「市場の声」に応えるのが，大学の使命なのかもしれない。しかし，そうやって大学が多様性を失っていくことには，大学に少しでも関係する人はもっと危機感をもった方がよいのではないだろうか。自然界でも人間の社会でも，多様性が乏しくなることは衰退への序章であることは自明の理だからである。

●大学のミッションと「社会の声」

　さて，そもそも大学はこれほどまでに「市場の声」に従わないといけない存在なのであろうか。少なくとも原理的に考えれば，教育は「学びたい」という人間と「教えたい」という人間がそれぞれ1人ずつでもいれば成り立ちうるのである。およそ学校という存在の原理的根拠はここにある。それは大学であっても変わりはない。特に歴史的に民間部門を中心に発展してきたこの国の大学においては，最初に「これを教えたい」として大学を創立した者の思いが，現在に至るまで大学としての基盤を形成しているとするのが正統な考えであろう。「大学生き残り競争」という危機的状況になるほど，そうした創始者の思

いに心を寄せることが必要になってくる。初めに「教えたい」という思いがあり，それに「学びたい」という思いが共鳴する。この時点で大学という存在の社会的使命が成立するのである。

　それ故に，大学組織の構成員は少々「霞を食う」ような思いにも耐えなければならない（個人的な心情を吐露すれば，マージナル大学の教員はすでに霞を食べ始めているのだが……）。そこにはそもそも「儲ける」というような動機は存在しないからである。「市場の声」は常にこの投資がどれだけの利益となって返ってくるかだけを考える。利益とならない投資はありえない。しかし，教育はそもそもそのような利潤動機では成り立ちえないものである。大学は「これを教えたい」という創始者の思いを基盤に，「それを学びたい」という者が1人でもいる限り，そこにあり続けるというのが本来的な姿のはずである。そして，どのような大学がそこにあり続けられるかは，「市場の声」ではなく「社会の声」に委ねられるべきである。大学は「儲けたい」という思いをどれだけ叶えるかではなく，「教えたい」という思いと「学びたい」という思いがきちんと共鳴しているかどうかによって，その存在価値を評価されるべきだからである。

　そうした大学の社会的存在価値を評価する「社会の声」は，当然「市場の声」とは異なる論理をもつ。「市場の声」が私的に投資されたものが私的にどれだけ利益となって返ってくるかという論理によるものとするならば，「社会の声」は公的な投資による公的な便益を評価するという論理を基にする。これをもう少しわかりやすく展開して表現すれば，「みんなが助け合い，社会に貢献する教育システムを設計するためには，自己利益のマネー（家計）ではなく，助け合いのマネー（税金）によって支えられなければいけない」［矢野，2011］ということになろう。残念ながら，この国の「社会の声」は大学教育に対しては膨大な（本当はそんな額ではないのだが）「無駄なお金」が使われていると考えている。公的な負担を「死に金」ではなく「生き金」となることをもっと多くの人に理解してもらうためには，どのような高等教育に関する政策形成を図るべきか。おそらくこれは社会政策としての教育論を展開するためにも欠かせない論点になると思われる。最後の節でこのきわめて重要な論点について試論的な検討を行い，この章のまとめとしたい。

4 ｜社会政策としての教育論の展開のために

●計画から市場の時代へ

　高等教育に関する政策論議を行う際にまず押さえておくべきなのは，この20年間に大学を取り巻く状況が激変したということである。これを端的に表すと，「計画の時代から市場の時代へ」［天野，1999］ということになる。天野の議論をごく簡単に説明しておくと，戦後日本の高等教育政策は「市場モデルを志向する拡張主義的な諸力」と「計画モデルを志向する制限主義的な諸力」との葛藤によって動いてきたというのが基本的な認識である。制限主義的な政策として高等教育の量的拡大を抑制しようとする「計画の時代」は1970年代に始まる。この間，高等教育の進学率は一定の水準に抑えられてきたが，第2次ベビーブームによる進学圧力を受けて，1990年代に入り制限主義的な政策は放棄されるに至る。1992年の大学設置基準の「大綱化」はその象徴であり，このときから高等教育の「規制緩和」あるいは「自由化」が急速に進むことになる。そのことが大学にとってどのような意味をもたらしたのか，天野の分析は含蓄に富むので，やや長くなるが以下にそのまま引用しておこう。

> 　……この改訂によって大学・短大，とりわけ私立の大学・短大は，文部省（引用者注：当時）の規制から大幅に「自由」になった。それは大学・短大が文部省の父権主義的な「庇護」からも自由になり，はげしい「競争」の世界へと，解き放たれたことを意味している。いいかえれば大学・短大は，前途に予想されるきびしい生存競争のなかで，生き残り，発展する自由とともに，競争に敗れ十分な学生数を集めることができず，廃校や閉校に追いやられる自由をも手に入れたのである。　　　　［天野，1999：39頁］

　15年近く前に書かれた文章であるが，実に現在の状況をよくいいあてている。「市場の時代」だからこそ，大学の「生き残り」に関する唯一の審判者は「市場の声」なのである。しかしそれにしても，この「生き残り競争」の勝敗はわかりやす過ぎる。要するに「偏差値の低い大学」あるいは「資金力のない大学」からつぶれていく，ただそれだけのことである。ノンエリート大学生のためのキャリア教育の場としてマージナル大学の社会的意義をいくら主張したところで，「市場の声」はすでに「負け戦」を宣言している。

そもそも「市場の声」の論理にある基本前提は、「教育の費用は私的に負担すべきである」という価値観である。この価値観自体を疑うことからしか、高等教育政策の議論の立て直しはできないだろう。教育と社会保障に関する市民の意識調査によれば、いくつかの政策について「税金が増えてもいいから積極的に進めるべきだと思いますか、それとも税金が増えるなら積極的に進める必要がないと思いますか」という質問に対して、年金や医療・介護に関しては「税金が増えても積極的に進めるべき」に賛成の割合が7～8割程度だったのが、「大学の進学機会」に関しては賛成は3割に満たなかった (24.9%) という [矢野, 2011]。それだけ「高等教育の私的負担」は自明視されているのだが、教育だけがなぜ「私事」なのだろうか。市場の時代において「社会の声」を復権させる契機はどうやらこのあたりにありそうである。

●市場の時代における「社会の声」

実は、この国の高等教育政策においてきわめて一貫した前提は「高等教育の私的負担」という点にある。おそらくこれが政策的な争点になったことはほとんどなかったのではないだろうか。小林雅之 [2013] によれば、「教育の費用を誰がどのように負担するかは、日本ではあまり正面切って論じられてはこなかった。だが海外では教育費負担は常に非常に大きな問題であった。最大の論点は公的負担から私的負担への移行に伴う問題だが、これは私的負担が重い日本からみると、わかりにくい問題だった」。

教育の私的（＝親）負担の背景にあるのは、親が子どもの教育の責任をもち費用を負担するのは当然だろうという「教育の家族主義」であると小林は指摘している。しかし、大学教育の現場では、このような「教育の家族主義」がそろそろ限界に近づきつつあることを実感している。この数年間で急速に奨学金受給者が増加しているのである。奨学金のほとんどが「貸与」であるこの国の現状からすれば、それは教育費の負担が親から子（学生本人）へとシフトしつつあることを意味している。さらに、教育費や生活費を工面するためのアルバイトが学生の日常生活の常態として組み入れられてしまっていることは、本来の勉学に費やすべき時間を大いに制約する要因となっている。

このような現状を踏まえれば，教育費の負担を私的（親あるいは子ども）に求める構造を維持するのか，それとも思い切って公的負担へと転換するのか，政策論争を提起すべき時が来ているように思われる。

　小林はこの点に関して，以下の3つの課題を提起している。第1が教育費の公的負担の意味の問い直しである。その根拠は一般に教育の外部経済（費用や便益が当事者以外にも及ぶ）に求められるのだが，教育の「公共性」についても同時に指摘している点が重要である。第2は学生支援制度の改革である。その根拠は教育機会の格差拡大の是正に求められている。具体的には，給付制の奨学金の拡充や所得連動型ローンの創設などが提案されている。最後は財源確保の問題である。授業料と奨学金だけでなく，外部資金や寄付の活用，さらには機関補助（学校に対する補助）と個人補助（学生に対する補助）の組み合わせのあり方が問われるところである。

　いずれも重要な課題提起だと思われるが，なかなか政策的な争点として顕在化してこないのはなぜなのだろうか。おそらく政策形成にはそれ自体としての「正当性」だけでなく，世論を喚起するだけのインパクトが必要なのだろう。その点で高等教育政策を社会政策論として展開していくためには，残念ながらまだインパクトが不足しているといわざるをえない。

●まっとうな政策論のために

　現在最も大きなインパクトが期待できる高等教育政策に関する争点は，「大学の数を思い切って減らすかどうか」という点であろう。早晩「市場による淘汰」で大学の数は徐々に減っていくのだろうが，その前に，何らかの基準を設けて大学の数を思い切って減らしてしまった方がよいのではないかという問題提起である。

　「大学の数は多すぎる」という世論の認識はすでにかなり一般化しているものと思われる。そこに例えば，18歳人口の10％まで大学の進学枠組みを縮小するという政策提言が行われたらどうなるだろう。この10％という水準はこの国の高等教育進学をいわゆる「エリート段階」に戻すことを意味する。世界水準にある「研究大学」だけを残して，「イノベーション」を担えるエリート

だけをそこで育成するというわけである。かなり世論の支持を集める政策提言であるかもしれない。

　個人的には，このような高等教育に関する「エリート戦略」が一度争点になってもらいたいと考えている。そしてこの戦略がとられたときに，この国全体のマンパワーはどのような水準に推移していくのか，きちんとしたシミュレーションをしてもらいたい。容易に想像される結果は，「イノベーションを担う少数のエリート」と「低技能・低賃金の大多数の大衆」との二極分化である（「やつら」と「かれら」しかいない世界！）。確かにこのような結果を期待している利害関係者も多くいるだろう。だが，一国全体として社会の安定性や共同性はどこまで担保できるだろうか。

　結局このような「大学の強制的退場」戦略は実際，大学をどの程度まで退場させるかによって社会に与える影響は大きく異なってくる。程度に関する合意が調達できるかどうかが，この戦略の現実的可能性を左右する。おそらくその合意はきわめて難しいか，おそろしく時間がかかる。合意の前に，市場による解答が出てしまうだろう。今のところ，最も現実的可能性が高いのは「大学の自然淘汰」戦略である。というより，すでにその戦略がとられている。しかしこれはもはや高等教育「政策」ではありえない。市場が「最適解」を出してくれるというのならば，わざわざ「政策」を論じる意味はないからである。

　要するに，この国の高等教育には政策といえる政策は存在しないのである。存在するのは「自然淘汰」によって「偏差値の低い大学」もしくは「資金力のない大学」からつぶれていくという，すでに半ば答えの出ている戦略論しかない。いま最も必要なのは，まともに論じるに値する政策論である。

　そのためには，丁寧な「リサーチ・トピック」（調査・観察に基づいた学術的な論題の提示）を地道に社会に提供することしかないだろう。研究者としての自己評価において，私はこれまで「現場からの実践レポート」しか提供できていない。しかしこの間，この大雑把な実践レポートに思いもかけぬ共感を示してくれた様々な立場の人たちと出会うことができた。その一人ひとりとの出会いの経緯についてはここで詳しく述べることはできないが，私の思いをどのように「リサーチ・トピック」として展開してもらっているかは，以下の章の各論

考を読んで判断していただきたい。

【引用・参考文献】

アーネ・リンドクウィスト，ヤン・ウェステル［1997］『あなた自身の社会——スウェーデンの中学教科書』（川上邦夫訳）新評論

天野郁夫［1999］『大学——挑戦の時代』（UP選書）東京大学出版会

伊藤大一［2003］「イギリスにおける『アンダークラス』の形成」『立命館経済学』第52巻第2号

居神浩・三宅義和・遠藤竜馬ほか［2005］『大卒フリーター問題を考える』（神戸国際大学経済文化研究所叢書）ミネルヴァ書房

居神浩［2007］「規律訓練型社会政策のアポリア——イギリス就労支援政策からの教訓」埋橋孝文編著『ワークフェア——排除から包摂へ？』（シリーズ・新しい社会政策の課題と挑戦 第2巻）法律文化社

居神浩［2010］「ノンエリート大学生に伝えるべきこと——「マージナル大学」の社会的意義」『日本労働研究雑誌』第602号

居神浩［2013a］「マージナル大学における教学改革の可能性」『大衆化する大学——学生の多様化をどうみるか』（シリーズ大学第2巻）岩波書店

居神浩［2013b］「ユニバーサル型大学における学士課程教育——ノンエリート・キャリアを展望して」『大学教育学会誌』第35巻第1号

居神浩［2013c］「マージナル大学における支援の課題——アカデミックでもなく職業教育でもなく」小杉礼子・堀有喜衣編著『高校・大学の未就職者への支援』勁草書房

居神浩［2013d］「市場の声が求めていないこと」『ビジネス・レーバー・トレンド』2013年12月号

居神浩［2014］「この国の高等教育政策の課題」三宅義和・居神浩・遠藤竜馬ほか『大学教育の変貌を考える』ミネルヴァ書房

内田樹［2002］『「おじさん」的思考』晶文社

海老原嗣生［2012］『雇用の常識　決着版——「本当に見えるウソ」』（ちくま文庫）筑摩書房

小林雅之「教育費『誰が負担』議論を」日本経済新聞（朝刊）2013年9月30日

児美川孝一郎［2013］『キャリア教育のウソ』（ちくまプリマー新書）筑摩書房

杉浦和彦［2010］『小・中・高の学びをむすぶ学力二十の指標』きょういくネット

道幸哲也［2012］「知らなければ困る——NPO「職場の権利教育ネットワーク」の活動」連合総研レポート『DIO』第267号

橋本健二［2007］『新しい階級社会・新しい階級闘争』光文社

橋本健二［2009］『貧困連鎖——拡大する格差とアンダークラスの出現』大和書房

本田由紀［2009］『教育の職業的意義——若者，学校，社会をつなぐ』（ちくま新書）筑摩

書房
矢野眞和［2009］「教育と労働と社会」『日本労働研究雑誌』第588号
矢野眞和［2011］「日本の新人―日本的家族と日本的雇用の殉教者」『日本労働研究雑誌』
　　第606号
湯浅誠［2012］『ヒーローを待っていても世界は変わらない』朝日新聞出版
Jones, O.［2012］*Chavs: The Demonization of the Working Class*, Verso.

第Ⅰ部

大学における
キャリア教育論の実践と課題

「適応」と「抵抗」の側面

1章 ボーダーフリー大学生が学習面で抱えている問題
▶実態と克服の途

葛城浩一

1 はじめに

　日本の大学進学率は2009年についに50％に達し，マーチン・トロウ（高等教育研究の第一人者）の発展段階説でいうところのユニバーサル段階に突入した。いよいよ大学へ進学するのが「義務」と感じられる時代が幕を開けたのである。18歳人口が減少を続けているにもかかわらず，大学の数は増加の一途をたどっているため，私立大学の定員割れの状況は年々深刻さの度合いを増している。日本私立学校振興・共済事業団広報（2012年）によれば，2009年には定員充足率が100％未満の大学は5割近くにまで達しており，50％未満の大学も5％を超えている。なお，2009年以降，7大学が募集停止に至っている。

　こうした「受験すれば必ず合格するような大学，すなわち，事実上の全入状態にある大学」を，本章では「ボーダーフリー大学[1]」と定義する。ボーダーフリー大学は，入試による選抜機能が働かないため，基礎学力や学習習慣，学習への動機づけの欠如といった，学習面での問題を抱えている学生を多く受け入れている。ボーダーフリー大学に所属する学生（以下，ボーダーフリー大学生と表記）が抱えている学習面での問題は，早ければ小学校段階から先送りされてきた問題であるためその根は深く，卒業時までにそれを克服させるのは容易なことではない。しかし，卒業時までにそれを克服させることができなければ，卒業後のキャリアにおいて大きな損失を被る可能性があることは間違いない。

　例えば，居神［2014］が，ボーダーフリー大学の「現場」で大学教員としてのプライドをかなぐり捨ててもやるべきことの1つとして，「初等教育の時点でつまずいていることによる『わからなさ』にとことん付き合うこと」［居神，2014：29頁］を挙げているのは，それが「大卒の労働市場において要求される

最低水準の基礎学力を身につけさせるといった意味で,『まっとうな企業』(最近,社会問題化している『ブラック企業』のような『ブラック』な要素が少しでも少ない企業)へ雇用される能力の開発につながる」(同上)からである。ボーダーフリー大学生の「大学の成績」が,そもそも就職活動をするかしないかに影響を与えていることを示唆する小山［2006］の知見や,内定を得られるか否かに影響を与えていることを示唆する堀［2007］の知見は,こうした居神の指摘を支持するものといえるだろう。

その影響は雇用された後も続く。例えば,矢野［2005］は,大学時代の「学習熱心度」は,職場における現在の地位に直接的には影響を与えていないものの,「卒業時の知識・能力獲得」を媒介として間接的に影響を与えていることを明らかにしている。また,保田・溝上［2014］は,大学時代の「主体的な学修態度」は,初期キャリアにおける組織社会化に影響を与えるだけでなく,職場における現在の能力向上にも影響を与えることを明らかにしている。これらの知見は,ボーダーフリー大学の卒業生だけを対象として得られたものではないが,かれらもその例外ではないと考えられる。

以上のことからも明らかなように,ボーダーフリー大学生が抱えている学習面での問題を卒業時までに克服させることは,かれらの卒業後のキャリアのことを考えれば非常に重要である。そこで本章では,そのためにボーダーフリー大学ではどのような取り組みがなされるべきなのかについて論じてみたい。筆者がこれまでに行ってきたボーダーフリー大学生やボーダーフリー大学に所属する教員(以下,ボーダーフリー大学教員と表記)に対するアンケート調査やインタビュー調査の結果をもとに,ボーダーフリー大学生の実態を踏まえたうえでの「処方箋」が提示できれば幸いである。

2 ボーダーフリー大学生の実態

●学習面での問題

先述のように,ボーダーフリー大学生の多くは,基礎学力や学習習慣,学習への動機づけの欠如といった,学習面での問題を抱えている。それではその問

題のレベルとは，はたしてどの程度のものなのだろうか。筆者はボーダーフリー大学教員を対象にアンケート調査を行い[4]，当該大学の卒業生には最低限どのような知識・技能・態度等を身につけさせるべきだと考えるか，自由記述で尋ねている。そこに記述されている内容から，ボーダーフリー大学生が抱えている学習面での問題を具体的にイメージしていただきたい。

- 中学卒業程度の国語，数学，英語はほぼ完璧に自分のものにしていること…(10)工学系
- 中学卒業程度の国語（最悪，小学生程度の漢字）と算数の能力…(10)社会科学系
- 小学校レベルの算数（分数や九九含む）ができるようになること…(10)工学系
- アルファベットは正しく書ける，読みもできる能力。ローマ字が読み，書きができる能力…(7)その他（語学）

自由記述には，「中学卒業程度の国語，数学，英語はほぼ完璧に自分のものにしている」のような，中学校レベルまでの基礎学力についての記述が非常に多くみられる。ここで「中学校レベルまで」と書いたのは，「中学卒業程度の国語（最悪，小学生程度の漢字）と算数の能力」，「小学校レベルの算数（分数や九九含む）」のような，小学校レベルの記述も少なくないからである。なお，括弧内の値は，記述された知識・技能・態度等を何割程度の卒業生に身につけさせるべきだと考えるのかを尋ねた結果を示したものであるが（(10)ならば，卒業生全員に身につけさせるべきだと考えていることになる），「アルファベットは正しく書ける，読みもできる能力。ローマ字が読み，書きができる能力」に至っては，卒業生全員に身につけさせることは難しいとすら考えられている（この記述では3割の卒業生には身につけさせることが難しいと考えられている）。こうした記述から，ボーダーフリー大学では小学校レベルの基礎学力を卒業生全員に身につけさせるのもそう容易なことではないと考えられていることがわかるだろう。

大学生の基礎学力欠如の実態を明らかにした『分数ができない大学生―21世紀の日本が危ない―』が出版されたのが1999年であることを考えれば，こうした結果はそう驚くべきものではないのかもしれない。しかしこれらの記述が，ボーダーフリー大学の卒業生に「最低限」身につけさせるべき知識・技能・

態度等として挙げられたものであることを考えると，ボーダーフリー大学生が抱えている基礎学力欠如の問題の深刻さについて改めて考えさせられるのではないだろうか。最後に，印象的な記述を紹介しておきたい。

> ・あまり多くのことは望めません。最低限の読み書きの力だけでも身に付けてもらえればと思います。（中略）<u>仮に読み書きができないとしても，自分が読み書きができない人間だという自覚をもってくれればよい</u>と思います…（9.5）社会科学系

「仮に読み書きができないとしても，自分が読み書きができない人間だという自覚をもってくれればよい」という記述には，悲壮感すら漂っている。このように，ボーダーフリー大学の卒業生に「最低限」身につけさせるべき知識・技能・態度等としてイメージされているものは小学校レベルである場合も少なくなく，場合によってはそれができなくても仕方がないとすら考えられている。ここまで特に基礎学力について論じてきたが，学習習慣や学習への動機づけについても推して知るべしである。これがボーダーフリー大学生が抱えている学習面での問題の現実なのである。

◉教室内における生態

さて，小学校レベルでつまずいている学生も集うボーダーフリー大学の教室とは，いったいどのような状態なのだろうか。筆者が大学生を対象に行ったアンケート調査では，例えば「私語」や「いねむり」等の受講マナーに反する行動は，中堅大学よりもボーダーフリー大学で多く行われていることが確認されている［葛城，2007］。ただ，こうしたアンケート調査の結果からは，ボーダーフリー大学では受講マナーに反する行動の日常化の程度が著しいことはうかがえたとしても，その実態が具体的にどのようなものなのかまではうかがい知ることができない。筆者は，ボーダーフリー大学生を対象に自由記述式の調査を行い，[5] 自大学における受講マナーに反する行動の実態について尋ねている。そこに記述された内容から，教室内におけるボーダーフリー大学生の生態を具体的にイメージしていただきたい。

まず以下に示すのは，ボーダーフリー大学生が自大学で実際に体験した受講

マナーに反する行動に関する記述のうち,「私語」に関するものである。

- こそこそと話をするのではなく, カラオケボックス内かと思わせるような大声で会話を続ける男性数人。(中略) これまた大きい声でヒワイな話をたのしそうにしている時。大声で話すことができる話か！と思った。(1年, 女性)
- 授業中に「オナニーしてろ！」と叫げ (原文ママ) んだ人がいた。※大きな教室で, 教卓の前でみんなに (4年, 男性)
- この授業は, 大人数だったので, 部屋が広くて, 話をする人が多く, 電話で話していても, 全く気づかれていませんでした。寝ているふりをしての電話だったのでそれができたのではないかと思います。その方は, 90分間ずっと話をしていました。(4年, 女性)

先に,「ボーダーフリー大学では受講マナーに反する行動の日常化の程度が著しい」と述べたが, 特に「私語」の日常化が著しいことが理解できよう。「私語」の日常化によって, 教室はもはや「カラオケボックス」と化しており, 教員の声が邪魔だとばかりにさらに大きな声で会話がなされている。教室は公的空間ではなく,「カラオケボックス」のような私的空間と認識されているからこそ,「大きい声でヒワイな話」をすることもできるし,「オナニーしてろ！」と叫ぶこともできる。また,「私語」の相手は教室という閉鎖空間の中だけに限定されるわけではない。すなわち, 携帯電話で「私語」をしている学生も珍しくなく, (寝ているふりをしていたとはいえ)「90分間ずっと話をして」いる猛者すらいる。こうした風景が日常化しているのがボーダーフリー大学の「私語」の実態なのである。

受講マナーに反する行動の日常化の程度が著しいのは,「私語」だけにとどまらない。以下に示すのは,「私語」以外の行動に関する記述である。

- 印象的だったのは授業をしているのにもかかわらず椅子に一直線になってねている人を見たときだ。授業中に仮眠をしてしまう学生は多いが椅子に横たわって寝ている人をみると恥じらいのようなものや常識すらもないように思える。(中略) ○大学生の特徴をみれば私語を授業中にする学生よりか寝ている学生のほうが多い。内職をしているような学生はあまり見受けられないように感じる。(3年, 女性)
- イヤホンをつけて授業を受けていたり, PSP (ゲーム機) をいじっていたり, 大音量で音楽を流していたり, マンガを読んでいたり。無法地帯レベルは店の駐車場さながらである。(1年, 女性)

・後ろの方の席だったが，その中での（原文ママ）電子たばこをくわえる。（2年，女性）

　先に「『私語』の日常化の程度が著しい」と述べたが，「私語を授業中にする学生よりか寝ている学生のほうが多い」という記述に鑑みれば，「いねむり」の日常化の程度の方がさらに著しいといえよう。「いねむり」の日常化が高じて，もはや「いねむり」という言葉では捉えきれない域に達している。「椅子に一直線になってねている」ような確信犯的な行動は，もはや「睡眠」と呼ぶにふさわしい。授業時間は「睡眠」時間と捉えられ，学生はその「睡眠」時間を削って，「私語」で仲間とのコミュニケーションをはかったり，「PSP（ゲーム機）をいじっていたり，大音量で音楽を流していたり，マンガを読んでいたり」と自分の時間を楽しんだり，はては「電子たばこをくわえ」て一服したりと[6]，思い思いの時間を過ごしている。その教室の「無法地帯レベルは店の駐車場さながら」である。

　さて，これらの受講マナーに反する行動は，日常化の程度こそ違えど，ボーダーフリー大学以外の大学でも見られうるものである。これらの行動を非社会的行動だとするならば，ボーダーフリー大学を特徴づけるのはやはり，「教員への反抗」という反社会的行動であろう。以下に示すのは，「教員への反抗」に関する記述である。

・授業中にさわいでいて先生に注意された時に机をケリ，「ウザ」と言い，教室を出て行った。次の授業で注意された時も同じ様にキレてドアを強く閉めてみんなメイワクしていた。（中略）いびきをかいていて，先生に起こされ，逆ギレして「なんや。」などどなっていた。それで授業を進めなくて他の人は困っていて，その事を先生が言うと，イスなどをけったりして，教室を出て行った。（4年，男性）
・先生に向かって，平気で暴言を言い，反抗する学生。英語の授業だったが，先生から英語で質問した（原文ママ）瞬間に「分かるわけないだろうが」と言っていた。先生は，「考えようとしたの？」と聞き返したが，その生徒は，「知るか。死ね」という暴言を吐いていた。同じ2年生なのに，もう20歳になる年齢なのに，ここまで幼い人がいるんだなと思った。別に先生は，難しい質問をしているわけでもないのに，はなから聞く耳をもたずに，ましては（原文ママ），暴言を言ってしまう。（2年，男性）

教員から注意をされると,「机をケリ,『ウザ』と言い,教室を出て行」くし,「逆ギレして『なんや。』などどなって」「イスなどをけったりして,教室を出て行」くといった反抗的な態度に出る。これはよく理解できる話である。なぜなら,当の学生は,「私語」であろうが「いねむり」であろうが,他者に迷惑をかけているわけではないのだから,とやかく言われる筋合いはないし,たとえ他者に迷惑をかけているとしても,とやかく言われる筋合いはないとさえ考えている節があるからである。

　しかし,教員の質問（しかも難しいわけではない質問）に対し,「『分かるわけないだろうが』」「『知るか。死ね』という暴言を吐いて」しまう学生は理解しがたい。とても教室内のやりとりとは思えない。ただ,これが「カラオケボックス」や「店の駐車場」でのトラブルであると考えるとよく理解できる。ボーダーフリー大学教員に対するインタビュー[7]では,そうした学生を「ヤンキーじゃない。チンピラだ」と評していた。ヤンキーどころか,チンピラに絡まれる危険性すらあるのが,ボーダーフリー大学の教室の実態なのである。

●授業に対する期待

　前項では,教室内におけるボーダーフリー大学生の生態についてみてきた。「教員への反抗」に限らず,「受講マナーに反する行動」という言葉で一般的に想像されるレベルを超えた「悪質な」行動も少なくなかったのではないだろうか。それでは,ボーダーフリー大学生は,こうした受講マナーに反する行動の蔓延する当該大学の授業をどのように捉え,どうあってほしいと考えているのだろうか。学生は以下のように記述している。

- <u>先生も,生徒を注意することばかりで,授業を進めることも出来ず,わかりたい生徒も理解出来ないという悪循環がおこっている</u>と思います。（2年,男性）
- 残りの3割の人は,いたってまじめです。残りの人だけでも,<u>良い環境で,勉強できるようになったらなと思います。先生方も,もっときびしくしてほしいです</u>。（2年,男性）
- 率先して後ろの席に座るようにしている人も多くそのような人達は講師の目ができるだけ届かないようにして出席だけしておけばいいという考え方なのだと思いますが,（中略）<u>そんな人達でも普通に評価されるような講義ですとやはりまじめに取</u>

り組もうと考えていても影響を受けてしまいあまり本気で学習しようという気がなくなってしまいます。(中略)やる気を維持するための外的要因も重要になってくると思います。(3年，男性)

　現状では，「先生も，生徒を注意することばかりで，授業を進めることも出来ず，わかりたい生徒も理解出来ないという悪循環がおこっている」。大学の授業は，本来学びのために存在しているにもかかわらず，「良い環境で，勉強できるようになったらな」という当然担保されてしかるべき願いが叶えられない現実がそこには存在している。そうした現実を打破するために，学生が「先生方も，もっときびしくしてほしい」と考えるのは当然である。

　ところで，ボーダーフリー大学には，学習面での問題を抱えている学生が少なくないため，真面目な態度で授業を受けようとしてもそれができない学生が少なくない。こうした学生の学びの意欲は，たとえ他者に迷惑をかけたり，害を与えたりするわけではない「悪質ではない」行動であったとしても，それを許してしまう授業の雰囲気によって容易に崩れ去ってしまう。「そんな人達でも普通に評価されるような講義ですとやはりまじめに取り組もうと考えていても影響を受けてしまいあまり本気で学習しようという気がなくなってしまいます」という記述はその証左といえよう。

　学びたいと思う学生の学びの意欲はもちろんのこと，「真面目な態度で授業を受けようとしてもそれができない学生」の学びの意欲をいかに維持するかは，かれら自身が「悪質ではない」と考える行動すら許さない授業の雰囲気づくりにかかっているといっても過言ではない。記述から判断する限り，受講マナーに反する行動に厳格な対応を望む学生は，学びの意欲が高い学生に限らず，「悪質な」行動を行っていない学生には少なくないようである。

3 ボーダーフリー大学生に学習をさせる

　前節では，学びたいと思う学生の学びの意欲だけでなく，「真面目な態度で授業を受けようとしてもそれができない学生」の学びの意欲を維持するためには，まずかれら自身が「悪質ではない」と考える行動すら許さない授業の雰囲

気づくりが必要であると論じた。こうした授業の雰囲気づくりを前提としてどのような取り組みがなされれば，学習面での問題を抱えているボーダーフリー大学生でも学習するようになるのだろうか。本節では，ボーダーフリー大学生の学習時間を規定する要因に関する先行研究の知見に基づき，その点について考えてみたい。

葛城［2007］は，偏差値40程度の社会科学系大学の1年生を対象としてアンケート調査を行い，高校生活の過ごし方，大学の授業に対する認識・態度，就職に対する意識という3つの視角から，学習時間を規定する要因についての分析を行っている。分析の結果，この大学の学生は，授業時間以外でまったく学習をしない学生についても，大学の授業に対して比較的肯定的な認識・態度を有しており，そのうえ卒業後に希望する進路も決定しているにもかかわらず，それらが学習時間に有意な影響を与えていないことが確認された。すなわち，高校時代に学業に熱心に取り組んでいるか否かというこの一点が，ボーダーフリー大学生の学習時間を左右する決定的に重要な要因となっていることを示唆する知見を明らかにしている。

葛城は，こうした結果には，特に授業時間以外でまったく学習をしない学生の学習習慣や学習レディネスのなさ等が大きく関係していると指摘する。すなわち，こうした学生は，高校時代に勉学中心の学校文化に距離をとり，学習に対する親和性に乏しかったため，仮に大学の授業に対して肯定的な認識・態度を有しており，卒業後に希望する進路が決定していたとしても，それを自らの学習につなげていくことができないというのである。

この知見だけみると，あたかもボーダーフリー大学生が学習するか否かは大学入学時点ですでに決定してしまっているようにもみえるが，必ずしもそういうわけではない。なぜなら，葛城の分析枠組みには，大学入学後の授業経験が含まれていないからである。谷村［2009］は，偏差値40前後の複数の社会科学系学部の3年生を分析対象として，大学入学後の授業経験も考慮したうえで，学習時間を規定する要因についての分析を行っている。分析の結果，「相互作用型授業」は学習時間に有意な（正の）影響を与えていることが確認され，大学入学後の授業経験によって，ボーダーフリー大学生の学習時間が変化しうる

ことを示唆する知見を明らかにしている。

　ここでいう「相互作用型授業」とは,「グループワークなど,学生が参加する」,「適切なコメントが付されて課題などの提出物が返却される」,「授業中に自分の意見や考えを述べる」,「TAなどによる補助的な指導がある」といった経験を伴う授業のことを指している。谷村は,「相互作用型授業」の効果の解釈として,「第一にグループワークや意見の表明・交換を含むような授業が多いということは,授業のための準備を相対的に多く強いる傾向があり,そのことが学習時間を増加させている」[谷村,2009：133頁]可能性,「第二に,意見表明や他者との相互作用の機会は学生の関心や学習意欲を喚起し,すべてではないにせよその後の授業への取り組みを積極的にさせている」[同上]可能性,「第三に,補助的指導体制が授業外での学習をサポート・促進している」[同上]可能性の3点を挙げている。なお,自分自身がやりたいことと授業が関係していることも,学習時間に有意な（正の）影響を与えているという分析結果が得られていることにも留意しておきたい。

　また,葛城[2010]も,偏差値50未満の複数の大学の1年生を分析対象として,大学入学後の授業経験も考慮したうえで,学習時間を規定する要因についての分析を行っている。分析の結果,「学生へのフィードバック」や「カリキュラムの体系性」が学習時間に有意な（正の）影響を与えていることが確認され,大学入学後の授業経験によって,ボーダーフリー大学生の学習時間が変化しうることを示唆する知見を明らかにしている。

　ここでいう「学生へのフィードバック」とは,「提出物はきちんと返される」や「返された提出物には十分なコメントがつけられている」等から構成される因子のことであり,「カリキュラムの体系性」とは,「卒業するには何をどこまで学べばよいかが示されている」や「教育課程全体の中での各授業科目の位置づけが明確」等から構成される因子のことである。なお,「学生へのフィードバック」や「カリキュラムの体系性」は学習時間に有意な影響を与えてはいるものの,学習習慣や学習レディネス,学習に対する親和性の方がより強い影響を与えているという分析結果が得られていることには留意しておきたい。

4 ボーダーフリー大学生に学習をさせるためになすべきこと

　前節でみてきた先行研究の知見から，学習面での問題を抱えているボーダーフリー大学生でも学習するように促すためのヒントを導き出すならば，以下の3点が挙げられよう。すなわち，第1に，学習習慣や学習レディネスをしっかりと身につけさせるべく意識的に取り組むこと，第2に，「相互作用型授業」を積極的に取り入れること，第3に，授業の意味を学生に十分認識させること，である。それでは，それらに取り組んでいくうえで，どのような点に留意しておく必要があるのだろうか。以下，それぞれについて論じてみよう。

●学習習慣や学習レディネスを身につけさせる

　まず，学習習慣や学習レディネスをしっかりと身につけさせるべく意識的に取り組むことであるが，これができているボーダーフリー大学教員はどの程度いるだろうか。先述のボーダーフリー大学教員を対象に行ったアンケート調査では，「学生が学習習慣や学習レディネスを身につけられるよう工夫している」という問いに対して「あてはまる」と回答した者の割合は2割に満たず(19.1%)，「どちらかといえばあてはまる」と回答した者をあわせても3分の2ほどに過ぎなかった (65.7%)。こうした結果は，ボーダーフリー大学教員が学習習慣や学習レディネスを身につけさせるべく意識的に取り組む余地がまだあることを示している。

　それでは，学習習慣や学習レディネスをしっかりと身につけさせるべく意識的に取り組もうとするのであれば，どのような点に留意しておく必要があるのだろうか。第2節でも紹介した，ボーダーフリー大学の卒業生に最低限身につけさせるべき知識・技能・態度等として挙げられた自由記述のうち，学習習慣や学習レディネスに関する記述から，その糸口を探ってみよう。

・家や下宿で勉強する習慣。学校以外で勉強すること，自分で家で考え，自分の時間を勉強につかう。勉強のできる人間はテレビを見たり，ゲームをしたりなどやりたいことを我慢して勉強時間にあてているという事実を認識させ，1ヵ月なり2ヵ月なり続けていることを認識させる。努力というものをさせる… (10) 社会科学系

・授業に集中することができ，試験勉強をちゃんと行う習慣…（10）理学系
・定期試験前に試験勉強をしなければならないと学生が思うこと…（5）社会科学系

「勉強のできる人間はテレビを見たり，ゲームをしたりなどやりたいことを我慢して勉強時間にあてているという事実を認識させ」という記述からは，まずは「努力」の重要性を認識させるところから始めなければならないと考えられていることがわかる。このことから，ボーダーフリー大学生には，学習面において努力をしていないどころか，その重要性すら認識できていない者が少なくないことがうかがえる。学習面での最大関心事であるはずの試験勉強に対してすら，「試験勉強をちゃんと行う習慣」どころか，「試験勉強をしなければならないと学生が思うこと」すらままならないことも，それを物語っていよう。

なぜ，「試験勉強をしなければならないと学生が思うこと」すら，半数の卒業生には身につけさせることが難しいと考えられているのだろうか。これには，卒業や就職が最大関心事であり，最優先事項であるボーダーフリー大学ゆえの，卒業や就職の「足枷」とならないようにするための成績評価の「ゆるさ」が大きく関係している。ボーダーフリー大学教員に対するインタビューでは，それが次のような言葉で語られている。

「普通にというか，真面目に，他の大学でやるような感じで多分採点したら，まぁ8割9割落ちるんで，なんかそういう意味では，もう超ゆるゆるで下駄履かせる感じで，なんか放置するっていう感じで。」
　　　　　　　　（教員A：偏差値40台半ばのZ大学，社会系学部所属，講師，30代，男性）
「不可になるのは授業に出てない子だけ。（中略）ペーパーでどんな点とってようと。だから，反対にいえば，例えば『何でこの子落としたんですか？』って聞かれたときに，『いや，この子は規定の授業時間，授業来てないんです。』っていうこと以外，理由がない。」　　　（教員B：偏差値40台半ばのY大学，社会系学部所属，講師，30代，女性）

学習面での問題を抱えているボーダーフリー大学生を「他の大学でやるような感じで多分採点したら，まぁ8割9割落ちる」ため，「超ゆるゆるで下駄履かせる感じで，なんか放置するっていう感じ」になってしまうのだという。そして結局のところ，「ペーパーでどんな点とってようと」「不可になるのは授業

に出てない子だけ」になってしまうのだという。このような「履修主義」に基づく成績評価を行っているボーダーフリー大学教員は少なくない。「履修主義」に基づく成績評価が組織的に行われることも珍しくないのである[9]。

　ボーダーフリー大学生に学習習慣や学習レディネスを身につけさせるための最大の契機ともいえる定期試験が機能することなく，「履修主義」に基づく成績評価に毒されている限りは，それを身につけさせることはまずもって不可能である。まずは「履修主義」に基づく成績評価を廃し，「修得主義」に基づく成績評価を行うこと[10]，しかも定期試験一発勝負ではなく，中間試験を複数回行うことが必要なのではないだろうか。これによって，学習習慣や学習レディネスを「一定程度は」身につけさせることも可能になるのではないかと考える。

● 「相互作用型授業」を積極的に取り入れる

　次に，「相互作用型授業」を積極的に取り入れることであるが，先述のように，ここでいう「相互作用型授業」とは，「グループワークなど，学生が参加する」，「適切なコメントが付されて課題などの提出物が返却される」といった経験を伴う授業のことを指している。

　特に「適切なコメントが付されて課題などの提出物が返却される」ことの有効性は，先述のように，葛城［2010］でも確認されている。それでは，こうしたコメントを付した提出物の返却ができているボーダーフリー大学教員はどの程度いるのだろうか。先述のボーダーフリー大学教員を対象に行ったアンケート調査では，「提出物にはコメントを付して返却するようにしている」という問いに対して「あてはまる」と回答した者の割合は2割ほど（19.9％）であり，「どちらかといえばあてはまる」と回答した者をあわせても半数ほどに過ぎなかった（50.8％）。こうした結果は，ボーダーフリー大学教員がコメントを付した提出物の返却に取り組む余地がまだあることを示している。

　とはいえ，多くの時間を費やすことになるであろうコメントを付した提出物の返却を，ただでさえ教育活動に多くの時間を費やしており，多忙を極めているボーダーフリー大学教員に期待するのは酷な話である。せめてボーダーフリー大学は，かれらの教育活動に対して正当な評価を行うことで，そのインセ

ンティブを高める必要があると考える。すでに行っていて当然のようにも感じられるが，教育活動に対する期待が非常に大きいボーダーフリー大学であっても，教育活動に対する評価よりも研究活動に対する評価の方が重視されているといっても過言ではない[11]。これでは，遠藤［2014］が指摘するように，「教育にエフォートをかけるインセンティブが構造的に欠けて」しまうため，「自らの有限な手持ち時間の何割を教育へと振り向けるかは，ひたすら個人の価値観や倫理観次第」［遠藤，2014：62頁］になってしまう。つまりは，ボーダーフリー大学における教育エフォートが，「善意の無償ボランティア活動」［同上］に過ぎなくなってしまうのである。教育活動に対する正当な評価は，コメントを付した提出物の返却を含む，ボーダーフリー大学教員のあらゆる教育活動に正の影響を与えうる非常に重要な要素といえる。

　一方，他の「相互作用型授業」，例えば「グループワークなど，学生が参加する」授業を行おうとするのであれば，どのような点に留意しておく必要があるのだろうか。前項と同じく，ボーダーフリー大学の卒業生に最低限身につけさせるべき知識・技能・態度等として挙げられた自由記述から，その糸口を探ってみよう。

・<u>他人（家族や友人以外）ともコミュニケーションがとれる能力</u>…（10）社会科学系
・<u>仲良しの友人以外ともそこそこうまくグループ作業ができる</u>…（10）社会科学系
・<u>相手に不快感を感じさせない</u>コミュニケーション技術…（10）社会科学系
・<u>大人として，当り前の相手に不快な思いや違和感を与えない</u>広い意味でのコミュニケーション能力…（6）社会科学系

　「他人（家族や友人以外）ともコミュニケーションがとれる能力」や「仲良しの友人以外ともそこそこうまくグループ作業ができる」といった記述からは，家族や友人以外とのコミュニケーションに支障をきたしている学生の姿がうかがえる。また，「相手に不快感を感じさせない」や「大人として，当り前の相手に不快な思いや違和感を与えない」といった記述からは，それが相手に不快感を抱かせるほどのレベルであることもうかがえる。

　こうした記述からも容易に想像されるように，ボーダーフリー大学では，グループワークを行うためのコミュニケーション能力に乏しい学生が少なくない

ため，グループワークを成立させること自体が非常に難しい。友人以外ともコミュニケーションがとれるようにさせたいと友人以外とグループを組ませてみれば，そもそも友人以外とのコミュニケーションが不得手であるのでグループワークは成立しない確率が高いし，せめてグループワークを成立させようと友人とグループを組ませてみれば，馴れ合いのコミュニケーションによってグループワークはぐだぐだになる確率が高いのである。どちらを選択しても，普通の講義よりも（授業を成立させるという意味での）リスクが高くなることは間違いない。

単にグループワークを取り入れさえすれば，学習面での問題を抱えているボーダーフリー大学生でも学習するようになるわけでは当然ない。そのためには，普通の講義以上に綿密な授業デザインが求められることを，まずはしっかりと認識しておく必要があるだろう。

◉授業の意味を学生に十分認識させる

最後に，授業の意味を学生に十分認識させることであるが，この点は非常に重要である。なぜなら，ボーダーフリー大学生は授業を無意味なものとみなす傾向が非常に強いことを示唆する知見（［三宅，2011］等）が得られているからである。ただでさえ授業を無意味なものとみなしているボーダーフリー大学生に授業の意味を認識させることができなければ，ボーダーフリー大学の授業は実質的にも無意味なものと化してしまうだろう。

ボーダーフリー大学生に授業の意味を認識させるうえで重要なのは，葛城［2010］の知見にもあったように，「卒業するには何をどこまで学べばよいか」を示すとともに，「教育課程全体の中での各授業科目の位置づけ」を明確にすることである。ディプロマ・ポリシー（卒業認定や学位授与の方針）やカリキュラム・ポリシーの含意はまさにそこにあるはずなのだが，現実問題としてそれらは形骸化しているといっても過言ではない。たとえディプロマ・ポリシーが設定されていたとしても，抽象度の高さからその具体的なイメージは当該大学の教員間でさえ共有されていないからである。以下に示すのは，ボーダーフリー大学の卒業生に最低限身につけさせるべき知識・技能・態度等として挙げられ

た自由記述である。

- 大学である以上，地方国立大並みの水準が必要…（不明）社会科学系
- 国際的な大学卒業資格認定試験が云々される状況では，その水準に合わせた知識・技能を身につけさせるべきだと思う…（6）社会科学系
- 分野に限らず，知的好奇心が持て，自ら主体的に調べられるようなレベルまでの知性の向上を図っているが，事実上は，少数の努力の甲斐のある者と多数のどんな努力も通じない者とに分かれる。学ぶ才能のない学生多い（原文ママ）現状では「〜させるべきだ」という目標は意味をなさない。（可能なかぎり多く→質問の前提が悪い）…その他（文学）

　これまでみてきたボーダーフリー大学生の現実と照らし合わせると，「地方国立大並みの水準」や「国際的な大学卒業資格認定試験の水準に合わせた知識・技能」といった記述が，非常に浮世離れしたものに感じられないだろうか。同じ（ボーダーフリー）大学に所属する教員間であっても，このような（比較的）高いレベルの知識・技能をイメージする者もいれば，先述のように小学校レベルの基礎学力をイメージする者もいるのである。[12]「学ぶ才能のない学生多い現状では『〜させるべきだ』という目標は意味をなさない」とイメージすることを放棄する者すらいるのが現実だが，当該大学の卒業生に最低限身につけさせるべき知識・技能・態度等のイメージがその教員間でさえ共有されていなければ，学生がそれを認識できるはずもない。まずは，ディプロマ・ポリシーの翻訳，あるいは（抜本的）見直しによって，そうしたイメージを具体化することから始める必要があるだろう。

　その際，谷村［2009］の知見にもあったように，「自分自身がやりたいことと授業が関係していること」が，ボーダーフリー大学生に授業の意味を認識させるうえで非常に重要な要素となることを忘れてはならない。この点を踏まえれば，学生の関心事という観点から，当該大学の卒業生に最低限身につけさせるべき知識・技能・態度等のイメージを具体化することは非常に有効であると考える。もっとも，ボーダーフリー大学生は「自分自身がやりたいこと」が明確でないという点が決定的に問題ではあるのだが，それでも教育の職業的レリバンスの観点からそのイメージを具体化することは少なからず有効ではないだ

ろうか。例えば，SPI（企業が採用活動の際に用いる適性検査の一種）や専門分野に関連する各種資格を利用することで，ボーダーフリー大学生が授業を無意味なものとみなす傾向も「ある程度」弱めることができるのではないかと考える。

　ここで留意しておきたいのは，あくまでSPIや専門分野に関連する各種資格の利用は，ボーダーフリー大学生に授業の意味を認識させるための「手段」であり，またかれらが抱えている学習面での問題を卒業時までに克服させるための「手段」であるという点である。それらの利用自体が自己目的化してしまうことは，ボーダーフリー大学の専門学校化を推し進めることにつながりかねない。SPIや専門分野に関連する各種資格に近寄るほどに，ボーダーフリー大学および当該大学教員には，「大学とは何か」という根源的な問いに対する回答の用意が求められることになるのである。

5 | おわりに：ボーダーフリー大学教員へのエール

　少し話が脱線するのだが，「橋本メソッド」というグループワークの手法をご存知だろうか。この手法の適正規模は120〜150人であり，数十人でも可能だが，50人を下回るとやや学習効果が下がるという。この手法は成功をおさめているようであり，それに関する書籍も刊行されている。自分の授業に活かせないかと手にとってみたが，その成功の秘訣には度肝を抜かれた。この手法を成り立たせているのは，シャトルカードによる受講生と教員との1対1関係であり，それに要する時間は毎週30〜40時間にもなるという［橋本, 2009］。「それだけ時間もかければ成功もするだろうよ！」というのが筆者の正直な感想であり，一笑に付して本を閉じた記憶がある。

　しかし，本章を執筆していて，筆者も同じようなことを書いていることに気づいてハッとした。これまで行ってきた各種調査を通して，ボーダーフリー大学教員が多忙を極めていることは重々認識しているにもかかわらず，ボーダーフリー大学生が抱えている学習面での問題を克服させるためには結局のところ，「もっと教育に時間をかけるべきだ」というごくごくあたり前の「処方箋」しか提示できないことに，ジレンマを感じずにはいられなかった。先述のよう

に，ボーダーフリー大学における教育エフォートが，「善意の無償ボランティア活動」に過ぎないのだとすれば，なおさらである。

今日も学習面での問題を克服させるべく，目の前の学生と真摯に向き合い，汗を流しているボーダーフリー大学教員に敬意を表するとともに，今後の取り組みに心よりのエールを送り，本章を終えることにしたい。

1）「ボーダーフリー大学」という用語自体は，そもそも河合塾による大学の格づけにおいて，通常の入学難易度がつけられない大学の意味で用いられている。
2） ボーダーフリー大学生の「大学の成績」は，内定を得られるか否かには影響を与えていないことを示唆する知見［小山，2006等］もあることには留意しておきたい。また，内定を得られるか否かには影響を与えていなくても，「大企業の」内定を得られるか否かには影響を与えていることを示唆する知見［平沢，2006］があることにも留意しておきたい。
3） 矢野［2005］は，「大学時代の積極的な学習経験が，本人のさまざまな能力向上と成長体験をもたらしている。その蓄積と体験が，現在に必要な知識・能力を向上させ，その結果が仕事の業績などに反映されている」［矢野，2005：274頁］と言及している。このことから，「大学で学習に取り組むことによって，成長体験が蓄積され，学習が習慣化される。その習慣が卒業後の学習を持続させているのではないか」［275頁］という「学び習慣」仮説を提示している。
4） この調査は，朝日新聞出版［2013］『2014年版大学ランキング』の「2013入試難易度ランキング」に基づき，入試時の偏差値で45以下の「法・経済・経営・商」系の学部および「理・工・理工」系の学部に所属する教員を対象として，2013年11月から2014年1月にかけて実施したものである。有効回答者数は831名であり，配布数を母数とした回答率は29.1％である。なお，以下で示す偏差値も当該年度の『大学ランキング』に基づいている。
5） この調査は，偏差値40台半ばの大学の学生を対象として，2011年10月から11月にかけて複数回にわたって実施したものである。回答者数は30名である。
6） 本物のたばこではなく，電子たばこなのがかれらなりの配慮かとも感じていたのであるが，2013年10月に再調査を行ったところ，以下に示すように，本物のたばこを吸っている学生の存在も判明した。
    ・一番驚いたのは講議（原文ママ）中に煙草を吸っていた学生がいたと言う事です。（中略）状況としてはビデオを見ていて教室の電気を消してやや暗くなった所で，なおかつ座席が一番後ろだと言う事です。（2年，男性）
7） この調査は，偏差値40台半ば以下の複数の大学の教員を対象として，2010年12月から2012年3月にかけて実施したものである。なお，次の言葉は以下に示す教員B（40頁）のものである。
8） 以下の記述には，真面目な態度で授業を受けようとしてもそれができない学生の姿が

端的に表現されている。
- 今までの学校生活の中でまじめでない態度が普通になってしまっているところもあると思います。今までの環境の中で授業中ケータイをいじっていたり，ガムやあめなどをたべたり，お茶やジュースを飲むということが普通におこなわれていたから，まじめでない態度になってしまっているのだと思います。逆に，<u>まじめな態度で授業を受けようとしても自分的におちつかなくてなかなかまじめな態度で授業を受けることができないのではないのかなと私は思います</u>。（1年，女性）

9）教員Bは，授業には出席しているが，評価基準に満たない学生を不可にしようとして，上司から露骨に圧力をかけられている様子を，次のような言葉で語っている。
「（単位を落とそうとしたら）上司が成績とめたんです。その時に『<u>たくさん落とした先生は辞めてもらいました。</u>』って言われたから，ほんと悔しくて。（中略）単位出すということに関しては，対学生というよりも，対大学組織の中で浮かないようにする戦略になってます。」

10）「履修主義」に基づく成績評価に毒されていればいるほど，それは不可能なことのようにも感じられるが，そうしたボーダーフリー大学がないわけではない。あるボーダーフリー大学では，ルーブリックを用いた「修得主義」に基づく成績評価の先進的な取り組みが行われている。そこに所属する教員は次のように語っている。
「（単位認定を）<u>むしろ甘くし過ぎると，これほんとにルーブリックにのっとって採点したんですか，っていう突っ込みが来そうな感じで。</u>」（教員C：偏差値40台半ばのX大学，教育系学部所属，講師，30代，男性）

11）葛城［2011］からは，難易度の低い大学ほど，人事を行う際には研究の質を考慮してはいないものの，それでも教育の質よりは考慮していることがうかがえる。

12）本章で用いている自由記述は同じ（ボーダーフリー）大学に所属する教員のものではないが，同じ（ボーダーフリー）大学に所属する教員間でそのイメージが大きく異なっていることは，偏差値40台半ばの大学で行ったプレ調査の段階で確認されている。

13）ボーダーフリー大学の卒業生に最低限身につけさせるべき知識・技能・態度等として挙げられた自由記述には，以下に示すように，SPIや専門分野に関連する各種資格に関する記述が少なからずみられる。
- SPI試験でほぼ満点が取れる能力…(9)社会科学系
- SPIを8割以上正解できる力…(10)工学系
- SPI数学ができる…(10)理学系
- 専門分野に関連する各種資格の取得…(6)社会科学系
- 3級販売士検定，日商簿記3級などの検定試験に合格できること…(10)社会科学系
- 販売士3級，ビジネス実務法務3級…(5)社会科学系

【引用・参考文献】
朝日新聞出版［2013］『20周年記念号 大学の今を問う2014年版大学ランキング』（週刊朝日 進学Mook）

居神浩［2014］「この国の高等教育政策の課題」三宅義和・居神浩・遠藤竜馬ほか『大学教育の変貌を考える』ミネルヴァ書房
遠藤竜馬［2014］「低選抜型大学淘汰論への批判」三宅義和・居神浩・遠藤竜馬ほか『大学教育の変貌を考える』ミネルヴァ書房
葛城浩一［2007］「Fランク大学生の学習に対する志向性」大学教育学会編『大学教育学会誌』第29巻第2号
葛城浩一［2010］「大学全入時代における学生の学習行動―「ボーダーフリー大学」を中心にして」広島大学大学院教育学研究科博士論文
葛城浩一［2011］「ボーダーフリー大学教員の大学教授職に対する認識―「大学教授職の変容に関する国際調査」を用いた基礎的分析」広島大学高等教育研究開発センター編『大学論集』第42巻
小山治［2006］「「大学生活」（取り組み）と「能力」（自己肯定感）が就職活動の各段階に対して及ぼす影響―Cグループ大学を中心に」（苅谷剛彦・平沢和司・本田由紀ほか『大学から職業へⅢ　その1―就職機会決定のメカニズム」の第2節）東京大学大学院教育学研究科編『東京大学大学院教育学研究科紀要』第46巻
谷村英洋［2009］「大学生の学習時間分析―授業と学習時間の関連性」大学教育学会編『大学教育学会誌』第31巻第1号
日本私立学校振興・共済事業団広報［2012］「平成24年度私立大学・短期大学等入学志願動向」『月報私学』第177号
橋本勝［2009］「橋本メソッド―150人ゼミ」清水亮・橋本勝・松本美奈編『学生と変える大学教育―FDを楽しむという発想』ナカニシヤ出版
平沢和司［2006］「非銘柄大学経営系学部卒業生の就職―D大学の分析」（苅谷剛彦・平沢和司・本田由紀ほか『大学から職業へⅢ　その1―就職機会決定のメカニズム」の第5節）東京大学大学院教育学研究科編『東京大学大学院教育学研究科紀要』第46巻
堀有喜衣［2007］「大学生の正社員への移行支援における相談機能の効果―大学の選抜性と支援」労働政策研究・研修機構編『大学生と就職―職業への移行支援と人材育成の視点からの検討』（労働政策研究報告書No78）
三宅義和［2011］「大学生の学びへの姿勢と大学の選抜性」神戸国際大学経済文化研究所編『神戸国際大学経済文化研究所年報』第20巻
保田江美・溝上慎一［2014］「初期キャリア以降の探求―「大学時代のキャリア見通し」と「企業におけるキャリアとパフォーマンス」を中心に」中原淳・溝上慎一編『活躍する組織人の探求―大学から企業へのトランジション』東京大学出版会
矢野眞和［2005］『大学改革の海図』玉川大学出版部

付記：本研究は，平成22〜24年度科学研究費補助金若手研究（B）「「ボーダーフリー大学」におけるアカデミック・プロフェッションの再構築に関する研究」（研究代表者：

葛城浩一）および，平成25〜27年度科学研究費補助金若手研究（B）「大学大衆化時代におけるアカデミック・プロフェッションのあり方に関する研究」（研究代表者：葛城浩一）による研究成果の一部である。調査にご協力いただいた皆様に心より感謝いたします。

2章 やる気に火をつけろ！
▶読売新聞「大学の実力」調査から

松本美奈

1 はじめに：偏差値と知名度だのみの陰で

　いま日本の大学は大改革の最中だ。育成すべき人材像を明らかにして入学者受け入れ方針を示し，カリキュラムを体系的に整え，ぴかぴかに磨き上げて社会に送り出す——つまり，教育機関としての務めを果たせ，と政府や国民から求められているからだ。

　大学にとっては，画期的なことなのだろう。そもそも大学の多くの先生は，教授法の訓練など受けていないし，研究の成果重視で教育者として期待されてこなかった。それが今では，自分自身の学生時代の記憶をたどり周囲に知恵を借りながら，見よう見まねで教授法を確立しようとしている。

　数年前，ある国立大学で目にした教員研修を鮮明に記憶している。ひとりの若手教員が，体全体を使って学生に分子構造を覚えさせるユニークな教え方の発表をしていた。「こうやるんですよ」。教員が両手を頭上に広げ，片足を上げて「さぁご一緒に」と呼びかけたとたん，50人以上の教員が一斉に立ち上がり，同じポーズを取ったのだ。「これは面白いね」「なるほど，こうすれば学生は体で覚えるな」と語る年配の教員の反応に，大学の変化を実感したものだ。

　それに比べ，大学に卒業生を送り込む高校側の変化は遅々としているようにみえる。入試が多様化し，入学後の教育も様々に変貌しているにもかかわらず，進路指導の現場では，相も変わらず予備校模試の偏差値や大学の知名度で進路選択を指導する傾向が根強い。

　いうまでもなく，大学・学部の偏差値は一般入試の合格者が予備校の模試でどの程度の位置にいたかを示す数字で，能力の指標ではない。むろん，入学後に受けられる教育内容の優劣とは無関係。偏差値の高い大学だから教育内容も

いいとは，お世辞でも口にできる状況はない。なのに，少子化で高校も淘汰の時代を迎え，進学実績が生徒集めの明暗を分けるとなると，進路指導教員は，生徒にとってベストな選択より，世間的に名の通った大学に押し込むことに力を入れざるをえなくなる。そこに，偏差値重視の風潮がはびこる土壌がある。

　問題は，その結果，国公私立を問わず，どの大学にも相当数の不本意入学者がいることだ。やる気スイッチのありかどころか，スイッチの有無すら判然としない学生も少なくない。「行きたい大学」よりも「行ける大学」を重視すれば当然そうなるだろう。それでいいのだろうか。この疑問は，筆者が2008年から担当している読売新聞「大学の実力」調査の原点でもある。

　さて，いかにノンエリート大学生に意欲を起こさせ，力をつけるべく学習させ，社会に送り出すか——本書のテーマを前に，筆者は考え込んでいる。まず，ノンエリートとはどんな人なのか，わからない。いまどきはやりの「グローバルに活躍」し，「イノベーションを起こせる」グロ・イノ人材をエリートと仮定するなら，大半はノンエリートといってもいいだろう。

　教壇に立ったこともない筆者が語れるのは，一新聞記者として，現場で出会った人々の姿だけだ。意欲の乏しい，もしかしたら本気で学習したこともない学生に向き合って，その心に火をともそうと火打ち石を片手に立ち向かう姿なら語れる。それに対する火消し勢力の実像も，伝えなくてはならない。

　かつてのように，選ばれた学生が塊となって大学の門をくぐる時代は，もうおそらく来ないだろう。ならば，「ノンエリート」たちの心に火をつける努力は，必須だ。本稿が，危機感を抱くみなさまのささやかなヒントになれば幸いだ。

2│火打ち石片手に立ち向かう

　どこにもいるノンエリート学生の存在は，2008年の第1回「大学の実力」調査の回答からはっきりと現れた。最初の質問で「貴学学生の入学時の学力レベル」を尋ねたところ，「学生の学力にはばらつきがあり，学士課程の教育を始めるにあたって具体的な施策が必要である」が半数を占め，「学力は全体的にやや不十分」，「学力はかなり不十分」も含めれば，学力を疑問視する比率が

7割近くに達していた。驚いたことに，旧帝大など受験難関大学も学力に問題を感じていることがわかった。

　実際，取材してみると，センター入試での入学者が大半の国立大学ですら，「フランス革命を知らない」「47都道府県を言えない」という学生がいた。

　今でも忘れられないのは，ある国立大学の英語の授業だ。1年生を習熟度別にクラス分けしており，初級クラスでは毎回，初めに2人1組になり「What's new？」で会話をすることになっていた。筆者の目の前で会話を始めた男子学生のペアは，2，3日前に起きた落雷と停電をテーマに話そうとしていたようだ。

「What's new？」

「えーとカミナリがdown……。カミナリ……。英語でいうと何……」
肝心の単語が思いつかないため，いっこうに会話にならない。相手の学生も「カミナリ……」といったきり，首をかしげている。見かねて，筆者が「thunder」とささやくと，2人とも顔を輝かしたはいいが，「そう，thunderがdown。停電してシャワーから水が出てきて，冷たくてヒャーって……」

　聞いている方が「ヒャー」だった。しかし，担当教員は驚いた様子もなく，にこやかな表情を浮かべている。その様子に，学生のそうした状況はすでに驚くべきことではないこともわかり，現実を思い知らされた。授業では，導入部の会話のあと，担当教員の指導のもとに英語圏の子どもが読む絵本を読んだ。同様の本を半年間で最低10冊は読むことが学生に課せられていたが，実は「学力がやや不十分」と考え，「基礎的な力を改めて習得させるなどの具体的な施策」を展開していたのだ。担当教員は元高校教員。「大学の現実に，高校教員として責任を感じている」と話していた。

　「大学の実力」調査では，本稿のテーマでもある「やる気喚起策」についても手を替え品を替え尋ねている。例えば，2012年の調査で「学生の意欲を喚起する特別な工夫」の実施状況を尋ねたところ，全体の6割の419校が全学的に取り組んでいる，と答えた。「意欲喚起」は共通の課題になっているようで，具体的には「365日，24時間オープンの自習室」「学んだ内容を地域で実践」など，大学の個性を生かした取り組みが目立った。入学前の高校生たちを相手

に何とかやる気を起こさせようと，孤軍奮闘する教員たちもいた。

●鉄は熱いうちに

　数年前の3月末，名古屋にある私立工学系大学は，長野県南西部，木曽・御嶽山のふもとで，わざわざ入学予定者の合宿を開き，高校までの学習のおさらいをしていた。「ここまでOK？」。ホワイトボードに書いた「$y = x$」のグラフを指し示して教授が振り返り確認すると，最前列の男子高校生たちが恐る恐る答えの紙を掲げる。「ノー」は赤い紙，「イエス」は青い紙。「わからない人は？」と尋ねても，いまどきの子は挙手をしないのを見越し，事前に渡していた。挙がったのは赤い紙だったが，教授は落胆するふうもなく，「じゃあ，もう1回説明しよう」と，中学校レベルの数学をまた一から説き起こし始めた。

　合宿に参加した約20人は，いずれもAOや推薦など面接や書類審査による合格者で，学力には不安が残る。工学の基礎となる数学を「入学前の不安な時期にこそ学ばせたい」と考えて教授が始めた。連日10時間，4泊5日の集中学習。学生の実態に平然としていられるのは，合宿を始めてもう10年以上の経験を積んでいるからだという。

　教授は東京大学を卒業後，東京工業大学助手を経て，この大学へ。学生の学力に度肝を抜かれたのは，就任まもなくだった。因数分解や関数がわからないのはザラ，桁もそろえず足し算引き算をしたりする。基礎ができていないから当然，授業についてこられず，長期欠席や休学，留年そして退学する学生が目立った。危機感を募らせ，何とかしなければと悩むうちに思いついたのが，中学からの数学をやり直す入学前合宿だった。

　「そこまで大学でやる？」という同僚の異論は無視して1人で始めた。背景には，自身のつまずき体験もあった。地方の県立高校のエリートとして勇躍入学した東大理Ⅰで，まさかの留年。高校とはまったく異なる大学の数学と物理に完全にお手上げだった。あの時の情けなさ，悲しさ。それを味わわせたくない，という思いも背中を押した。

　合宿では，初日に基礎学力をみる自作の実力テストで，つまずき具合いを確認する。その後もオリジナル教材を使い，講義と練習問題を繰り返す。気楽に

質問できるよう，複数の上級生も指導役として参加。「こんなに勉強したのは初めて」という生徒が多い。「大学は遊べる所じゃないとわかった」などと苦笑する生徒も。

　合宿には，早くに人間関係を築けるという大きな利点もある。何しろ，周辺には遊ぶ場所もない山奥。しかも残雪が1メートル近くもある。携帯電話は通じないし，車で20分ぐらい走らないと商店（コンビニエンスストアではない）にもたどり着けない。ゲームの持ち込みはもとより禁止。休憩時間にできることは，囲炉裏を囲み，仲間や先輩と話し合うことだけ（暖房器具も完備されていない……）。大学生活とはどんなものか，勉強でつまずいたらどうしたらいいのか，先輩たちに体験談を聞いたり，将来の夢を語り合ったりで，合宿終了時には自然と仲良くなっている仕掛けだ。

　人間関係を培えた安心感のせいか，合宿参加者は入学後も意欲的に授業に取り組み，よく質問に来るといった傾向があるという。成果は数字に表れ，合宿参加者の7割が留年せずに卒業でき，入学時に学力の高い一般入試合格者を一貫して上回っている。密な人間関係も築ける入学前合宿で生み出された意欲は，卒業時まで燃え続けるのだ。

　そんな意欲喚起や学力の底上げに個人的に取り組む教員がいる一方，組織的に行う大学ももちろんある。「大学の実力」調査で「入学前補習」を尋ねると，約8割が実施。入学後補習の5割を大きく上回り，入学予定者に前倒しで教育を行うことが，半ば大学の常識となりつつあるのがうかがえる。

　AO・推薦入試で合格した高校生全員に，通信教育による入学前補習を導入している大学も多い。ある理系の私立大学では，合格者の自宅ではなく，通っている高校に入学前年の12月から計3回，教材と課題を送っている。自宅では難しいが，進路指導教師らの監視があれば勉強するだろうと目論んでいるのだ。大学教員は，提出された課題をチェックして送り返す。

　入学前補習を受けた学生は出身高校に関係なく，一般入試の学生との差がほぼなくなるという。大学側は「高校との連携で学習習慣をつけさせることができる」とみる。入学後の学びに関連する課題図書を提示して，読書感想文を書かせる大学も多い。「とにかく何かさせないと，高校から文句を言われるから」

と解説する関係者もかなりいる。アリバイ作りの側面が見え隠れする一方で，「高校と大学との橋渡しの場に」と積極的に活用する大学も少なくない。

西日本にある国立大学の工学系学部は，その好例だ。公募制推薦入試の発表から間もない12月に約80人の合格者全員を集めて教科課題を出し，入学を目前に控えた2，3月には各2泊3日で数学や物理，英語の学習会をする。独自の教材を作成し，講師には元高校教員を雇う熱の入れようだ。

雪が舞う2012年2月初旬の学習会では，制服姿の高校生が問題を前に腕組みをしていた。「平面上に等間隔に並ぶ9個の点を4本の直線で結ぶには？」。担当教員は「高校は習う場，大学は自ら考え，学ぶ場。ギアチェンジをしてほしい」と話す。問題からは高校教育の単なる補習でなく，大学での学びに慣れさせる狙いが見て取れた。

学力アップが眼目ではあるが，大きな狙いはミスマッチの防止だ。元高校教師や学部の先輩らも参加する合宿では，「わからない点は何でも聞いて」と呼びかける。担当教授は「工学系の子はコミュニケーション下手な傾向がある」とし，合宿で早くから人間関係を築くことで大学生活に安心感を抱かせ，中途退学や引きこもりなどの事態を減らしたいと語っていた。

そうした思いは，参加する高校生にも伝わっているようだ。ある地元高校生は「（学習内容やレベルは）僕には物足りない」と感想を漏らしながら，隣の高校生を指し，「でも物理が未履修の彼に，この授業は不親切すぎ」と憤る。同情された側は「難しくて不安だけれど，友だちができたから頑張れる」と笑う。

推薦入学者は学年の2割だが，合宿体験が核となって交流の輪が広がる傾向は顕著にみられるという。副学長によると，入学前合宿は他大学からも注目を集めており，視察も多い。教員の孤軍奮闘ではなく，大学が組織的に取り組むのが当たり前になる日が，遠くないかもしれない。

● 入学前から「なりたい自分」意識

学習面からだけでなく，「なりたい自分」を入学前から意識させる取り組みもある。中部地方の私立大学では，近年の厳しい就職事情を踏まえ，入学予定者を対象にキャリア教育を始めている。まず1月，AO・推薦入試の合格者を

集め，在学生が授業の履修方法やアパートでの1人暮らしの様子，楽しかった思い出などを自らの言葉で説明する。話が終わると，グループディスカッションに。在学生の話を受け，テーマは「高校生と大学生との違い」など，これからどう変わっていくのかを具体的に話し合っていく場になる。友だち作り，先輩との人間関係づくりの場にもなっていて，大半の生徒たちはメールのアドレスを交換し合っていたようだ。

　2月の週末には，十数人のキャリアカウンセラーが個別面談をする。1人の生徒に約1時間向き合い，大学での抱負や将来の夢，どんなことに関心を抱いているのかなどをじっくり聞き，4月からの新生活に前向きな姿勢を作ろうとしている。さらに3月の入学直前には，学生生活全般についての説明会を実施する。入学後に行われるオリエンテーションを先取りし，高校生になじみのないシラバスを配布し，時間割を作る練習をするのだ。必修科目や選択必修科目，単位，カリキュラムポリシーとは何か，将来何をしたいか，そのためにどんな学生生活を送ればよいかを考えながら，教員や在学生の助言を受けながら時間割を組む。この作業を通して，大学生活に向かう心構えを固めてもらおうというわけだ。

　発案者は学長自身だ。「人生を方向づける4年間は貴重。一刻も早く学ぶ意欲に火をつけたい」。就職活動ガイダンスを受けると突然やる気を出す3年生の姿に接し，早いスタートで貴重な時間を有効に過ごしてほしいと願うのだ。

　その成果は退学率の減少に現れた。退学率の多くを占めるとされる学生の経済的事情に配慮し，奨学金制度の充実や学費減免などはすでに行っていたが，この入学前のキャリア教育を導入して以来10年で，初年次の退学率2.7％が1％に減った。経済的事情以外の理由で退学に向かおうとする予備軍を食い止める取り組みになっていたようだ。早い時点での人間関係づくりやキャンパスライフを具体的に想像する場を設けた意味は，確実にあったということになる。

　4年の女子学生は入学前の面談の際，管理栄養士になると宣言した。実際の生活では，勉強だけでなくアルバイトにも追われ，挫折しそうになったこともあったようだが，目標どおり給食会社に内定した。「夢に向かって勉強する習慣を早く身につけて」と後輩にメッセージを送っていた。

●基礎から一歩ずつ

　入学前後の取り組みをみていると，理系の大学の奮闘ぶりが目につく。理系の学問は積み重ねがものをいうから，AOや指定校推薦など入試から入学までのブランクがある入り口からの入学者にはそれなりのケアが必要だと，大学側も実感しているのだろう。さらに高校の教育や入試の入り口が多様化し，物理や生物も履修せずに工学系や医学部に進んでくる学生がいる現状から，教員や大学がかなり配慮しないと，専門教育どころではなくなるのは自明の理だ。

　もちろん文系でも工夫を重ねている。閉じられた学びの扉を，真剣に開こうとする大学もある。ささやかだが，思いのこもったノックで。

　北日本の私立大学では，公文式の算数プリントを活用していた。科目名は「生活数学」。苦手意識をもつ学生にとって「数学」では重過ぎ，「算数」では自尊心を傷つける。命名からすでに配慮のあとがみえる。

　授業は，毎週月曜の午後。受講者は，入学直後の試験で振り分けられた40人。開講日の授業をのぞくと，教室はまだざわついていた。ところが，担当教授が「暗算力は，社会でも役立つよ。例えば，コンビニで買い物をしてお釣りをごまかされても，暗算できないと損するよね」と身近な例で「役立ち感」を強調すると，机の上で居眠りを決め込んでいた学生の背筋が伸び始めた。窓際の学生は帽子を脱いだ。教授が机の間を歩きながら「必ずできるようになる。一緒に頑張ろう」と励ますと私語が消えた。「では，スタート」で，学生は真剣な表情でプリントをこなし始めた。

　プリントは，ひとけたの足し算から始まる。最初の問題は「2＋3」だった。1枚終わると教授ら教職員のほか上級生数人がその場で採点して返却する。その1人の3年生はかつての受講生。「算数は苦手だったが，わかると楽しい。成績も上がりました」と喜んでいた。

　欠席するとすぐに呼び出され，渡されるプリントは千枚以上……。ハードトレーニングの一方で，きちんと単位として認め，こなすプリントの量が成績に反映する。1800枚なら最高のSに。さらにいつでも勉強できるよう教職員が常駐する専用室を開くなど，やる気向上の支援策も忘れない。15回の授業を終えてテストをすると，課題をすべてこなした学生は短時間に正確に計算できる

ようになり，何より集中力や学ぶ習慣がついているという成果も確認されている。

　学ぶ習慣のない学生を学ばせ続けることは難しい。それだけに教授が心を砕くのは，励ましだ。「必ず力がつく。頑張ろうよ」。教授自身の確信でもある。そんな工夫も，学生を学ばせ続ける原動力になっている。

　かつてこの大学は，地域の「国立大学のすべり止め」だったという。それが入試の多様化でいつしか授業を理解できない学生が集まるようになり，教員からの不満も噴出していた。不満をいっているだけでは，現状は変わらない。あれこれ考えた末にたどりついたのが公文式とか。

　異論もあろうが，筆者は立派な大学だと思う。学生の現状を正しく把握し，真摯に受け止めて対応することは，わかってはいてもなかなかできることではない。入学を認めながら学生の実像を見ようともしない大学の，なんと多いことか。公文式の導入に予算を割き，教員や先輩学生を配置したり，質問の部屋を設けたりという組織的な取り組みに，他大学からの見学が後を絶たないという。同じ悩みを抱える大学が多いことを物語っているようだ。

3 ｜ 承認と居場所

　私事で恐縮だが，筆者は5歳の息子にささやかな手伝いをさせている。拙宅の前にごみ集積所があり，近隣住民はふた付きのごみ箱に入れて可燃ごみを出す決まりになっている。手伝いとは，収集車がごみを回収した後のカラのごみ箱をそれぞれのお宅にお返しすることだ。子どもが肩ぐらいまである大きな箱をよたよたと運ぶ姿は，一生懸命さが伝わり，いきおい近隣の方々が息子に感謝する言葉も大仰になる。「ありがとう，立派だねえ」，「あなたのおかげで，おばあちゃんは助かるよ」などと大いに感謝され，さらにはチョコレートやらおせんべいやらが届くようになり，息子は得意満面。自分の活躍する場のひとつがここだと心得たようで，回収の日を心待ちにするほどである。つまり，「承認」と「居場所」が彼に与えられたのだ。

● できたら褒める

　いま大学で「承認」と「居場所」の言葉を頻繁に耳にする。学びに背を向けがちな学生は，教師や親など周囲のおとなに認められたことがなく，足場を築けないのだという。学業で，あるいは部活などで目立った活動もできず，教師から褒められず，親から認められた経験も少ない。承認が有効なのは，幼い子どもだけではない。学生にも効果がある。そこで，基礎から一歩ずつ教え，できれば褒める，次は少しだけ難しい課題を出し，できたらもっと褒めるという繰り返しで心に火をつけ，教室を居場所に変えようと取り組む孤軍奮闘する教員がいる。

「単語の袋がありまして，物の名前は名詞〜」
首都圏の私立大学の英語の授業だ。女性の准教授が歌と踊りで英語を教えていた。左胸の前に両手でハート形を作り「LOVE」，両手を大きく振って「WALK」。基礎的な単語も，文法や文型も体を使って覚える。机の間を歩きながら，大汗をかく教員に，学生約30人も一緒に声を合わせ，踊っていた。

　歌や踊り，さらに中学英語の基礎から始まるプリント教材もすべて准教授のオリジナル。プリント教材に書かれた英文の例文には，学生の名前や趣味を織り交ぜ，親しみやすいよう工夫している。例えば，ダンスが趣味の学生がいるクラスでは，「ダンスが趣味です」などと自己紹介する文章がつづられている。
「○○さん，いい調子！」と，准教授が学生に声をかける。学生一人ひとりを姓ではなく名前で呼んでいる。呼ばれた学生の笑顔がはじける。居眠りも私語もなく，日焼けした茶髪の学生も最前列に。

　教え方を工夫し，できたら褒める。学生一人ひとりの理解度を把握し，丁寧に教えていけば，必ず学生たちはついてくる。准教授はそう考える。つまり，この教室では一人ひとりが教員に「承認」され，「居場所」が与えられているのだ。学生たちは目を輝かせ，席も指定しているわけでもないのに前方から埋まっていく。「みんな学びたがっている。きっかけが見つからないだけですよ」。

　課題を出せば，丁寧に採点し，コメントもつけて返す。だから，休み時間ともなると，准教授の研究室は入れ代わり立ち代わり学生が訪れる。授業への質問だけでなく，進路や悩みごとの相談も多い。だが，不思議なことに，准教授

の授業を見学に来た教員はいないという。

　この准教授は非常勤教員として，別の私立大学で英語の再履修授業を担当している。そこでも同様に歌って踊る英語を展開している。出席も取らず，座席も指定していないにもかかわらず，ここでも教室は前列から埋まり，人数も履修登録している数を満たしている。

　最前列に座る茶髪の3年生は，「初めて英語がわかった」と笑顔を見せる。いまは英語を口にするのが何よりの楽しみで，外国人を見かけると話しかけてしまうとか。趣味はスケートボードで，いつか米国サンフランシスコの坂を巡りたいという。

　承認と居場所は，学生を広い世界への扉に導くようだ。

●答案用紙を返却する

　学生の名前を覚える。それだけでも心に響くようだが，さらに工夫を重ねる教員もいる。

　「〇〇君，今回はいいぞ。誤字に気を付けろ」，「△△さん，これでは前回の成績が泣くよ。期待しているんだよ」。ある大学の選択科目の授業で，教授が一人ひとりの学生を教壇に呼び，学年末試験の答案用紙を手渡していた。1月下旬。後期の授業15回は終わり，この日は答案を返すだけの"おまけ"で，しかも午前9時からの1限目だが，欠席者はいない。

　答案用紙は添削のペンで真っ赤になっていた。受講生約70人の顔を確認しながら名前をよどみなく呼び，以前の成績や課題の提出状況，最近の授業態度にも触れながらミスを指摘し，叱り，あるいは励ます。対する学生には，満面の笑みもあれば，悔しそうに歪む顔もある。

　「学生に勉強させるには，からくりが要る」と教授。その1つが手渡しの答案返却だ。

　毎回課題も出し，次の授業で指名して15分間，発表させる。誰が指名されるかわからない。小テストも頻繁にあるため，予習・復習なしでは授業に出られない。「こんなに緊張する授業はほかにない。先生が名前を覚えていて，いつ指されるかわからない」と男子学生は打ち明ける。

ただ厳しいだけではない。課題図書を示す際は，持ちやすい新書サイズで価格は1000円以内にしている。入手できる書店も事前に確認し，所在地を配布する。学生が「売ってなかった」とあきらめてしまわないようにする気配りだ。
　数々の工夫は，大学全体で十数年前に始めた教育改革の過程で生まれた。一般入試の偏差値は40前後とされ，多くの学生が強い劣等感を抱き，学習への拒否反応が強くなっていた。欠席や遅刻，私語が目立ち，崩壊状態の授業も散見された。授業開発センター長に就任した教授は，いかに勉強をさせるかに知恵を絞った。
　まず授業ごとに学習到達目標を設定する一方，国内では当時ほとんど例がなかったCAP制（単位の上限制）にも踏み切った。1年間で履修できる授業数を従来の学生が取っていた約半分の40単位までに絞り，自習時間の確保を狙った。
　制度だけでなく，授業そのものも変わらなくてはいけない。学長主導で全教員に授業公開を義務づけた大学憲章を制定。公開授業はビデオカメラでも撮影，いつでも見られるようにし，意見を交換し合った。
　この間の取り組みで，遅刻や欠席，私語は減ったが，単位を取れない学生の割合は増えている。それを裏づけるかのように，1週間あたりの平均自習時間も，全科目平均は1時間弱にとどまっていた。課題を出し，発表もさせる教授の授業では約3時間に伸びたが，全学的に広がらない。「こうした工夫だけでは太刀打ちできない現実も依然ある」と教授はため息をついていた。

●学習支援センター

　授業を理解できない学生が教授の研究室に足を運ぶのは，気が重い。いや，不可能かもしれない。そうした学生を個別に助けるための学内機関を設ける大学が増えている。
　「大学の実力」調査で尋ねたところ，約300校，半数近くが設置していた。一般入試が中心で学力格差が少ないといわれる国立でも，設置率は7割に達していた。学ばせる工夫の必要性に，例外はないようだ。
　ただ，どんな施設を整えるかで，その大学の本気度はわかる。ある大学の学

習支援センターは，キャンパスの外れにあり，場所を学生に尋ねても「さあ」とらちがあかない。やっと見つけたが，北向きのセンターは日当たりが悪く，寒々しい。昼休みにもかかわらず，利用者はいなかった。なにやら忙しそうに仕事をしているスタッフの姿だけが印象に残った。

　別の大学では，キャンパス中央の建物内にあるが，利用は予約制。質問を受けられる教員は数人に限られており，シフト表を見ると，教員がいない空白の時間が目立ち，1日中まったくいない日も2日あった。

　そういうセンターを見ていただけに，関東地方の工業系大の学習支援センターには驚かされた。

　最寄りの駅からシャトルバスに乗って15分ほどで，キャンパスの玄関口に着く。下車するなり鼻腔をくすぐるのは，フライドポテトのにおい。停留所の正面にファストフード店「M」があるからだ。ふと見ると，複数の学生がふらふらと店に吸い込まれていく。ははあ。筆者も時間調整のために着いていった。ハンバーガーやポテト，飲み物を買い込んだ学生たちは店内を見渡していた。座れる場所が見あたらない。視線を転じると，2階に続く階段が目に入ったようで，学生たちは階上へと――。

　実は，これがこの大学のワナ。2階には学習支援センターが設けられていた。おいで，といっても来ないから，自ら来るようにしてやろう。そんな大学側のもくろみがほの見える。

　階段の先には先輩学生たちが交代で座る受付。細い階段を上がり，「おはようございます，今日は何の科目ですか」と先輩たちに声をかけられた学生たちは，反射的に最も苦手とする科目を口にするらしい。「す，数学です」とでも口走ろうものなら，「はい○○先生，3番テーブルお呼びでーす」と室内のテーブルに誘導されるのだ。

　立地もさることながら，スタッフや教材作りにも本気度がうかがわれる。教員は，公募で集めた元高校教員ら15人。英数国理のオリジナル教材を使い，学生に向かい合う。教員の合言葉は，「できたら褒める」「できなかったら励ます」。叱りつけはしない。「まず自信をつけさせる。そこから新しい学びが始まる」と責任者の教授は話す。

開設は10年ほど前。入試の多様化を背景に，「he（彼）」を「ヘー」と発音したりする新入生が見られるようになった。そこで，大学の勉強だけでなく高校までの英語，数学などを家庭教師感覚で指導する場として「基礎教育支援センター」を設けたのだ。学生への対応の一方，大学の授業担当の教員とも密に情報交換する。学生の質問が集中する授業については担当教員に話し，時には授業も見学し，ついていけない学生を減らすための授業改善も手がけるのだ。

　利用者は在籍数を上回る年間6千人以上。朝から夕方まで，センターは学生たちでにぎわう。成果はすぐに現れた。利用者の成績向上だけでなく，毎年300人を超えた退学者が半減する副産物も。さらに退学者減は高校の進路担当教員の信頼感を生み，「先生に，センターがあるからと薦められて」と志望理由を語る学生が珍しくなくなったという。

　工業高校出身のある4年生は入学直後，普通高校出身者との学力差に焦った。だが，週に3，4回もセンターで学ぶうちに学習の仕方を体得した。すっかりこのセンターが気に入り，いつしか受付に立ち，後輩を指導する立場になっていた。「来春，学費全額免除の特待生で大学院に進むことになりました」と胸を張っていた。

　読者諸氏はすでにお気づきと思う。学習センターは学生にとって「居場所」になっていたのだ。そこでこの機能を前面に押し出した大学も現れる。

　東京都内の有名私立大学は正門をくぐってすぐの校舎内に「学習ステーション」を設けた。スタッフは上級生。学内で募った49人の上級生が時間割の作り方を助言したり，勉強会を開いたりする。上級生は事前に講習を受け，サポーターとしての心構えや話の聞き方などを学んでいる。「学習」の名称はついていても，「まずは安心できる居場所に所属させることから」と責任者教授は話す。

　入学直後の4月中は校舎の別の所にもブースを設置，学内案内やサークル選びなど様々な相談に乗る。高校までのようなクラスはなく，他者とうまくつながれない学生が最近は多い。「居場所がない人はここへ！」と呼びかけるのだという。利用者は入学式から10日間で800人を超えた。

　ここでもかつての利用者が後輩をサポートするために活躍していた。不本意入学で落ち込んでいたという2年生は，ステーションで先輩たちと話し合い，

「ここで良かったと思えるようになった」と振り返る。「今度は自分が沈んでいる子を支援する番」と意気込んでいた。

「勉強しろ」「大学に来い」ではなく，したくなるよう励まし，いざなう。可能性の芽吹きに成功する大学の秘訣は，北風と太陽の童話を思わせる。

◉生活リズムをつくる

やる気を起こすには，まず生活リズムから。そのために授業だけでなく，課外活動まで活用する大学もある。

中部地方のその大学を訪れた日は，早朝から土砂降りだった。だが，午前6時45分には，雨音をはじき飛ばすような力強い声が校舎内に響いていた。「無限の可能性を信じ，常に挑戦し続ける！」。課外活動「会計研究部」の朝礼だ。公認会計士試験の突破を目指す学生約20人が，部訓を唱和していた。

朝礼から9時の授業開始まで約2時間，学生は黙々と答案練習に取り組む。日曜日以外の毎朝という。あくびをする姿はない。

研究部が始まったのは，2011年。県内の商業高校から「簿記試験に合格した生徒の力を伸ばしてほしい」と求められたのが直接の契機だった。だが，大学としても何となく大学に入ってきて，何となく卒業していく，目的もないから勉学にも力が入らない圧倒的多数の学生に頭を抱えていたところだった。

そこで学長の号令一下，活動の中心時間帯を早朝におく「朝活」を始めた。「自律し，意欲的な社会人を育てるには，早起きして，効率的に時間を使える生活リズムが大切だ」と学長はその理由を説明する。

こうした活動は，学生自身に「なぜ大学なのか」を再確認させる機会にもなっていた。参加していた経営学部1年生は，県立商業高校時代に簿記の全国大会で好成績を収め，特待生として入学した。母子家庭に育ち，特待生でなければ就職するつもりだったと教えてくれた。「毎朝ここで勉強することで，なぜ大学に入ったのかを再確認しています。早く合格して母を安心させたい」と語っていた。

「朝活」は課外活動以外にも広がり，午前7時半スタートの「0時限」授業も。歯学部では，5年生約120人を対象にした必修科目を0時限に行っていた。教

室には学部長まで陣取り、居眠り学生を見つけては「眠気をさますような工夫が必要だ」とつぶやいた。

　規則的な食生活も大切だ。学生食堂では午前8時、朝練を終えた野球やラグビーなど体育会の学生約200人が集合し、監督らが見守るなかで朝食をとっていた。その後授業に向かった2年の男子学生は「監督が見てますから、授業はさぼれない」と苦笑いする。

　「朝活」は着実に浸透しているようで、1時限目の遅刻や欠席が減ったという。空き教室や自習室では、午前7時頃から勉強する学生の姿も。朝の自習室にいた歯学部2年の男子学生に聞くと、「周りが勉強していたら、自分だけ寝ていられない。家にいると気合が入らないから、大学に来ています」と話していた。

　「朝活」の課題は教員の不満や早朝に自宅から送り出す親の負担感、と学長はこぼすが、目に見える学生の変化に、後ろ向きの声は次第に影をひそめている。

●秘伝のマニュアル

　見よう見まねで始まったやる気起こしであっても、その蓄積は大学の宝物となる。個人の懐だけに隠し持っているのはもったいない。そこで「ノウハウ集」などと命名して、学内の教員で共有する大学も増えてきた。

　ある大学の「ノウハウ」をひも解いてみると——

- ・教員の独りよがりでレベルの高い授業や小ばかにしたような低レベルの授業を行わない。
- ・学生と同じレベルでものを見るようにする。
- ・授業のスピードを落とし、じっくり説明する。
- ・人間が集中できるのは20～30分。最大30分で話をまとめる。
- ・1時限目、学生を遅刻させないため、9時10分には教室をロックアウトする。さらに最初に前回の復習問題をさせ、回答を提出させる。
- ・学生の顔を見て講義をする。間違っても黒板に向かって講義はしない。教科書等も見ない。

　授業の一般的な注意事項だけで約100項目あった。いちいちごもっともで、その注意事項から授業がどんな状態になっているかリアルに想像ができる。

私語や居眠りなど，学生の授業態度をいかに改めるかについては，80項目にも達していた。

- 眠そうな顔をしている学生を見かけたら，全員を立たせて体操をする。
- 私語をする学生を特定できることを知らせるため，その学生の前に行き，顔を見ながら授業をする。私語のある限り授業をしない。途中で私語が出れば授業は中止する。その時間を記録してその分だけ授業時間を延長し，まったく静粛な時には5分ぐらい早く終了する。
- 私語3回で受講資格剥奪を学期初めに宣言。授業中，私語が目に付いた学生を立たせ，学籍番号と名前を言わせる。2回目に警告。
- 座席を指定する。私語がほとんどない。
- 学生が勉強せざるを得ないよう，宿題やリポートを頻繁に出す。
- リポートは毎回採点して返却する。リポートを見ると，教員自身も自分の授業に対する反省ができる。
- 授業中の内職禁止を宣言。見つけたら取り上げる。返却しないので，効果は抜群。

　いかに学生に学ばせるか。そのために教員は頭を悩ませる。同時にコピペやカンニングなど不正防止にも力を入れなくてはならない。

- 学籍番号を使って全員に異なる問題を出す。パソコンで採点する。
- 模擬テストを実施して，教員が何を要求しているかを明確にする。
- テストの回答を返却し，解説する。採点基準や評価基準を明示する。
- カンニングを防ぐため，回答欄は小さく作る。答案用紙の中心から下あたりの位置がいい。他人からの覗き見を防ぐ効果がある。
- カンニングができないような問題作りをする。記憶だけに頼らない，考えを問うような内容とする。
- 平均点や得点分布，ABCの人数などの情報を与え，学生自身に理解度と習得度を実感させる。

　それでも私語は出てくるし，コピペのリポートやら，他の学生とまったく同じの答案用紙やらも出てくる。ノウハウ集の行間から，ため息が聞こえてくるというものだ。

4 ▎現場は水浸し⁉

◉深海魚が火を消す

　燎原の火のごとく意欲喚起策が広がっていけばよいとは願うが，現実は厳しい。火打ち石を懸命に打つ教員の一方で，火消し勢力も厳然としてある。その最たるものは，同僚かもしれない。

　関西の私立大学の教授は，卒業生からの「SOS」を機に，社会と向き合える力の涵養を取り組みの主眼に据えるようになった。

　教授によると，卒業生から電話で切々と悩みを訴えられた。「お年寄りに高価な布団を売りつける仕事が嫌になった」と。聞くと，老舗の繊維メーカーに就職したものの，お年寄りを集めた健康イベントなどを開き，食パンや缶詰をプレゼントし，やがては法外な値段の布団を売りつける，「催眠商法」が任務だったというのだ。しかも，入社前に示された待遇とは雲泥の差で，休日はほとんどなく，早朝から深夜まで働かされて残業手当すら出ない。ノルマを達成しないと上司からひどい言葉でののしられたり，脅かされたりする，まさしく「ブラック企業」状態という。

　教授は老舗企業ですらブラック企業化している現実に愕然としつつ，同時に「自分たちが育てている学生は，そういう所に吸い込まれていくのか」と打ちのめされた。

　以来，取り組むようになったのが，オリジナル教材を使った中学校レベルからの復習だ。国語や英語，数学などの基礎的な学力をもとに考える力がなければ，魑魅魍魎がはびこる世間とは太刀打ちできないと考えたのだ。そのうえで，実践的な力の醸成もめざし，労働組合やNPOなどと協力して，働くとはどういうことかを教えた。例えば，居酒屋でアルバイトをしている学生を主人公にした寸劇を学生の前で実演。店長から殴られたり，残業代が不払いだったりしたらどうするか，を学生自身に考えさせるのだ。寸劇を進めながら，労働基準法や労働安全衛生法といった労働者保護の法律に関する基本知識を解説し，「ブラックな」労働環境を「違法である」と認識させ，さらに組合の助けを借りながら，労働基準監督署などに異議申し立てをする。こうした社会人，労働者と

して不可欠な能力を身につけさせようとしていたのだ。

　だが、そういう動きに、なかなか周囲の理解が追いつかない。ある日、教授のもとに別の教員からメールが来た。

> あなたの取り組みは、学外にも知られている。それは自ら、うちの大学は、バカな学生を収容しているバカ大学と公言しているようなものである。どこの親が、わざわざバカ大学と自称している大学に子どもを入れるのか。以後、言動を慎んでもらいたい。

　入れた学生に責任をもつどころか、現実から目をそむけ、昔と同じような講義をただ繰り返す。理解できるか、力がつくかは問題外。いま目の前の学生がどうなっているのか、社会で何が起きているのかをまったく考えず、まるで深海魚のように深い海溝で回遊をしている。その勢いが大きければ、真摯な教員が水浸しになりかねない。

● 学生は？　親は？

　やる気を起こしたい、その思いを正面から受けて止めてくれない学生もいる。卒業論文や研究は学生生活の集大成。「大学の実力」調査によると、約6割の大学が卒業年次の学生を少人数ゼミや研究室に所属させ、そのための調査や討論を重ねさせている。ピカピカに磨き上げて社会に送り出す最後のチャンスとばかりに、全勢力を注ぐ教員も多い。だが最近は、盗用との闘いに頭を悩ます教員も少なからずいる。

　「他人の著作物を平気で使う」と教員たちは口をそろえる。ネットで検索した文献を「コピペする」のが主流だとか。それも、読み進むうちに突然、漢字や専門用語が増えたり論調が変わったりして簡単に気づく、お粗末なコピペが目立つらしい。

　盗用が続出したある有名国立大学は、履修ガイドに「カンニングと同様の不正行為として懲戒の対象とする」と明記した。「やむにやまれず。他者の著作物への敬意がないのか」と副学長が嘆いていた。

　どんなに授業に工夫を重ね、テストを添削して返却する取り組みを続けても、肝心の学生がカンニングしていたら、教育の成果はまったく期待できない。

関東地方の理系大学の学長が嘆いていた。「学生に2度泣かされたよ」と。ある時，学内で学生のカンニングが発覚した。学則で不正行為は懲戒の対象。その科目だけでなく，他の科目についても単位を認定しない。これに対し，その学生は学長に手紙を書いてきた。「一生懸命勉強した。だが，いくら学んでも頭に入らず，焦る気持ちがあり……」と当時の心情をつづり，もう2度としない，と丁寧につづられていた手紙を読み，学長は胸を打たれた。そこで，学長は教授会で学生からの手紙を読み上げ，再挑戦する機会を与えられないかと諮った。すると教授の1人から指摘された。「インターネット上にその手紙と全く同じ文章が載っていますよ」と。カンニングが発覚した際に書く手紙の文面や，その際の注意事項などが詳細に書かれたサイトがあったのだ。

　意欲の火に水をかけてしまう親もいる。「大学の実力」調査によると，8割強もの大学が保護者会を開催し，成績表を親に送付していた。就職活動前の親子面談も過半数を占めた。20歳前後のおとなに「保護者」も妙な話だが，学生を一人前の社会人に育てるため，最も身近な親も活用しようという懸命な現場の姿が浮かんだ。

　関西の私立大が保護者との「懇談会」を始めたのは10年以上前。全国各地に学長ら教職員が年に数回出かけ，親との面談も行う。「学生に関する情報がほしい」と学生部長。「ひ弱」ともいわれる学生を支援するには親の協力が不可欠と強調する。

　その一方で，「親を切り離したい」と打ち明ける大学も目につく。学生の代わりに履修登録をする，授業中の私語を注意したことに親が抗議をする。中国地方の国立大学長は「授業中に騒ぐ学生を退室させたら，すぐに学長室に親の抗議電話が来た」と話していた。少子化のためか，「面倒見のいい」親は珍しくない。「夏休みはいつからですか。子どもがわからないというので，代わりに問い合わせをしました」と電話をする事例は枚挙にいとまがない。ある国立大学教授は「もうリポートを書けません」と親に泣きつかれたことがあると苦笑していた。入学以来，わが子に代わって課題に取り組んできたが，専門課程でついていけなくなったというのだ。

　「切り離したい」の最たる事例は，就職活動に過剰に口出しをする親だろう。

公立大の就職担当者は「『テレビCMも出ない無名企業に就職するために入学させたわけではない』と子どもに内定を断らせる親に毎年，泣かされる」と嘆く。さらには「気に入らない就職先なら，働かなくていい。養ってあげるよ」という親さえいるという。自立の妨げをする親がいれば，学生が社会に出ていくことを見据え，本気で勉強しようとはなかなか思わないだろう。

　そんなモンスターペアレントが大学にも進出する反面，首都圏のある私立大のように，学費未納の学生と面談するうち，奨学金を召し上げてパチンコなど遊興費に充てる親が結構いる事実がわかって驚がくした例もある。親子関係の崩れという世相を映す鏡に大学がなっているのかもしれない。

●理解できない社会

　同僚が，当の学生が，その親が火消し勢力となって火をつける行為自体に水をかけていたら，社会が意欲喚起策の意義を認めてくれないのも致し方ないのかもしれない。

　前節で紹介した，歌って踊る英語の授業を読売新聞朝刊で書いたところ，二極化した反響をいただいた。大学関係者，中でも学長ら幹部は「こういう授業を見習ってほしい」と賛同してくれた。「うちの教員に爪の垢でも煎じて飲ませたいほどだ」とメールを寄せたのは，公立大学の学長だ。これに対して，学外の読者は「幼稚な授業」，「大学生にもなって歌や踊りで勉強とはあきれた」，「こんな勉強が役に立つのか」——と手厳しかった。こうした授業が生まれざるをえない事情がまだ伝わっていないのだ。

5 大学に始まり，大学で完結する

　ここまで書くと，すでに結論は見えてくる。何とか学生の心に火をつけたいと奮闘する教員たちの思いを実らせるには，大学内の努力だけでは限界がある。

　それでも，出発点はやはり大学だ。まず大学がかつてのキャンパスと様変わりした現実を受け止め，学内全体として危機感を共有しなければならない。文部科学省の回し者ではないが，そのためには教育機関としての使命や，学生を

どう育てるかの達成目標を当然，具体的に明示しなくてはならないだろう。同時に，その姿勢を社会にも発信する必要がある。

「Early Small Success（早期の小さな成功体験）」という言葉がある。承認と居場所に通じる意欲喚起の秘策だが，火をつけるのは早い方がいい。小中学校という義務教育の場でも積極的に取り組んでほしい。それをリードするのも，やはり大学だ。教員養成課程を根本から見直し，教科や科目の壁を越えて子どもたちのやる気を起こすのにいま欠けているのは何か，どうしたら火をつけられるのか知恵を結集してほしい。

文部科学省が目指す道徳の特別教科化も好機だ。いま教員養成課程でわずか2単位に過ぎないなかで，道徳の歴史や学習指導要領の説明まで盛りこんでいるが，これを最低でも4単位に倍増すればどうだろう。教師と子どもが真正面から向き合う道徳の時間を具体的に設計し，学ぶ，生きるとは何かを語り合う場に転換させることは，一見遠回りのようだが，着実に教室の空気を変えるだろう。

進路指導を学ぶ時間も，教員養成課程に新設したらいかがか。大学の現状の背景には，自らの経験頼りの高校教員の姿がある。いま劇的に変わりつつある大学の現状に目をつぶったままの進路指導に歯止めをかけるためにも，教員養成課程で大学の現状をしっかり伝え，これからの時代に求められる進路指導のあり方を教授する必要がある。

拙稿を締めるのに，米国の先住民族ナバホ族の言葉を引用したい。

　　自然は祖先から譲り受けたものではない
　　まだ見ぬ子孫から借り受けたものである

子どもたちにより良い世界をお返しするのが，生きている者の使命だ。可能な限り多くの利息をつけて。そのために大学の，われわれの責務は重い。

3章 ノンエリート大学生の労働者の権利に関する理解
▶キャリア教育における労働者の権利教育の実施に向けて　　林　祐司

1 はじめに

　文部科学省は大学設置基準に社会的・職業的自立に関する指導等（キャリアガイダンス）の実施を定め，2011年度からこれを施行した。その目的は，職業観，勤労観を培い，社会人として必要な資質能力を形成することにある［中央教育審議会大学分科会，2009］。各大学はこうした要請を受け，正課内外で行うキャリア教育を近年ますます拡充させてきた。

　こうした動きに対し，キャリア教育では職業観，勤労観といった意識面に注力するだけではなく，それに合わせて労働者がもつ権利を学生に教育する必要があると主張されることがある［道幸，2006；居神，2010］。法学の専門教育でなされる労働者の権利に関する教育が法学部以外でなされる場合，隣接分野の専門教育を補完して深める手段と位置づけられるのが普通である。しかし，そうした位置づけとは異なり，労働者の権利に関する教育は，専攻を問わず雇用社会に生きるすべての学生に向けたものとして，一般教育としてのキャリア教育に位置づけることが可能であり［菊池，2006］，第4章で紹介されるとおり大学でもすでに取り組まれている。

　しかしながら，後述するように理屈のうえでは，労働者の権利に関する大学生の理解は，望ましいと一般的に考えられる状態を促進する効果だけでなく，阻害する効果も想定できるという批判はありうる。慎重な立場をとるならば，キャリア教育に位置づけた労働者の権利教育が有益であるといいきれない面は否定できない。それゆえ，本書がキャリア教育において労働者の権利を教育するのが妥当であると主張するには，労働者の権利に関する理解には学生の望ましい状態を促進する効果が確認される一方，阻害する効果は確認されないか，

問題にならないほど小さいと示しておく必要がある。これに加えて，労働者の権利がどのような方針のもと教育されれば効果的に理解されうるのかも示される必要があるだろう。こうしたことが示されて初めて，各大学は自信をもち，安心してキャリア教育に労働者の権利教育を位置づけ，実施することができると考えられる。それゆえ，労働者の権利に関する学生の理解について分析することには一定の意義がある。

　この章の筆者に課せられたミッションは以上を踏まえ，探索的な実証的検討を通じ，キャリア教育における労働者の権利教育の実施可能性について示唆を与えることである。キャリア教育のみならず大学教育は在学時，学卒時，学卒後の各局面を射程に収める必要があり，それらを包括して検討することが望ましい。しかし，次節で触れるとおり，大学生時点の理解と学卒後の状況の関連を分析した検討ではないが，一般の労働者における労働者の権利の理解にはすでに研究がある。そこでこの章では，在学時について，労働者の権利には大学生が理解することが難しいものと易しいものがあることを確認したうえで，それらの理解の規定要因についてアルバイト経験と情報を探索する行動（情報探索行動）を取り上げて分析する。この分析から労働者の権利教育の実施方針について示唆を与える。また，学卒時について，就職活動にもたらす効果を分析する。労働者の権利に関する大学生の理解が大学生の就職活動の実行，企業応募の基準，進路決定の状況に及ぼす効果について事実発見を行い，就職活動という観点から労働者の権利教育をキャリア教育に位置づけることの妥当性に示唆を与える。

2 | 既存研究の整理と研究設問の設定

　この章の目的を達するには，大学生の権利理解の状況を把握し，その規定要因と就職活動への効果を検討する必要がある。ここでは実証的検討に先んじて既存研究で得られている知見について整理したうえで，本章で分析の対象とする研究設問を順に設定していく。

●労働者の権利に関する理解を規定する要因

　労働者の権利に関する理解の状況を検討した既存研究として，村中・瀧［2000］，高橋［2005］，佐藤・高橋［2005］，高橋［2007］，厚生労働省［2009a, b］，佐藤［2012］による研究を挙げることができる。「今後の労働関係法制度をめぐる教育の在り方に関する研究会」［厚生労働省，2009a, b］における原［2008］の報告によれば，労働者の権利は，一般に不利な労働条件のもとで働いている可能性の高い人ほど理解しておらず，高校生でも，進路がフリーター・未定である人ほど理解していない。そうした整理を踏まえて実施されたこの研究会の調査結果からは，この章で分析対象としている大学生の権利理解の状況を知ることができる。そこでは，権利理解の状況が用語の認知状況とともに問われ，労働者の権利には，よく理解・認知されたものとそうでないものがあると示されている。この結果から，労働者の権利には理解が難しいものと易しいものがあると想定される。

　これに加えて，調査結果からは，大学生等ではアルバイト経験がある方が理解度の高い者が多いことや，新聞の政治欄や経済欄を読む者の理解度が高いことがみてとれる。労働者の権利に関する理解の研究ではないが，既存研究では，アルバイト経験とキャリア形成の関連［関口，2010など］や，自らすすんで情報を探索する行動（情報探索行動）とキャリア形成との関連が検討されてきた［林，2014bなど］。労働者の権利に関する理解もキャリア形成関連の変数であると捉えられるが，アルバイト経験や情報探索行動は大学生が労働者の権利を理解することに効果を有すると想定される。

　以上を踏まえ，本章では，大学生にとって労働者の権利には理解が難しいものと易しいものがあると確認する。そのうえで，大学生による労働者の権利に関する理解の規定要因について，アルバイト経験と情報探索行動を取り上げ，以下の研究設問のもと実証的検討から事実発見を行う。

研究設問1：労働者の権利に関する難しい知識と易しい知識についての大学生の理解は，アルバイト経験や情報探索行動からどのように規定されるか。

●**アルバイト経験と情報探索行動はどういう関係のもと権利理解を促すか**

　仮にアルバイト経験と情報探索行動が労働者の権利を規定するとしよう。その場合に，それらがどのような関係のもと権利理解に効果を与えるのかを検討することは，キャリア教育における労働者の権利教育の実施方針を考えるうえで一定の意義がある。それというのも，大学教育で行われるインターンシップなどの就労体験とアルバイト経験は関連性があるだろうし，講義・演習での学習は情報探索行動と関連性があると考えられるからである。アルバイト経験や情報探索行動を教育で起こすために，就労体験や講義・演習を活用することが当を得ているとするならば，アルバイト経験と情報探索行動がどのような関係のもと労働者の権利理解に効果を及ぼすのかを解明することから，労働者の権利教育において就労体験と講義・演習をどう位置づけて活用するのが有効かを考察するためのヒントを得られるであろう。

　アルバイト経験と情報探索行動の関係については，次の4つが想定できる。
　1) アルバイト経験と情報探索行動は関係がなく，権利理解が起きる可能性
　2) アルバイト経験が情報探索行動を促して権利理解が起きる可能性
　3) 情報探索行動がアルバイト経験を促して権利理解が起きる可能性
　4) アルバイト経験と情報探索行動のどちらの効果をメインとみるかはさておき，どちらかがどちらかの効果を調整する形で権利理解が起こる可能性

さらに2)は，アルバイト経験の効果について情報探索行動に媒介された間接効果とアルバイト経験からの直接効果の双方がみられる部分媒介モデルと，直接効果はみられず間接効果だけがみられる完全媒介モデルの2通りが考えられる。3)も同様に部分媒介モデルと完全媒介モデルが考えられる。

　以上を踏まえ，この章では，アルバイト経験と情報探索行動がどのような関係のもと労働者の権利に関する理解に影響するのかについて，以下の研究設問のもと実証的検討から事実発見を行う。

研究設問2：アルバイト経験と情報探索行動が労働者の権利に関する難しい知識と易しい知識の理解に効果を与えるとして，アルバイト経験と情報探索行動はどのような関係のもと労働者の権利に関する理解に影響を及ぼすのか。

●労働者の権利に関する理解が就職活動に与える効果

　権利理解の効果は，一般の労働者を対象として労働組合支持［原・佐藤，2004］，社会保障に感じる必要性［原，2006］，年休の権利の行使［高橋，2008］に対する効果が検討され，労働者の権利理解と人々の意識に関連があることが実証されてきた。まず，労働組合支持については，法律に定められた労働者の権利を理解していることが，労働組合支持に有意に正の効果があることが示され，労働組合は幅広い支持を得るためにも，労働者の権利理解を高める必要があると指摘されている［原・佐藤，2004］。また，社会保障制度や労働者の権利についての理解度が，人の性格・性向をコントロールしてなお，社会保障に感じる必要性に有意に正の効果があると示されている。このことから，社会保障制度の改革や整備を行う際は，社会の仕組みに関する国民の知識を高めることが重要になると指摘されている［原，2006］。さらに，年次有給休暇の法知識の有無の効果が分析されており，職場の風通しがよいとき，年次有給休暇の法知識をもつことは休日・休暇満足度に正の効果があるという結果が得られており，年休の権利行使に法知識をもつことが影響していると結論されている［高橋，2008］。これらの結果は一般労働者に関する分析結果であって，大学生の結果ではないが，労働者の権利に関する理解が人々の意識に効果があることから，労働者の権利に関する理解には大学生の就職活動にも何らかの効果があると想定できる。

　さて，学生の就職活動は，就職活動を行うかを考えたうえで，行う場合に企業を何らかの基準に照らして選んで応募した後，企業の選考を経て進路が決定されるというプロセスをたどると考えられる［林，2009など］。そこで本章では，就職活動の実行，企業応募の基準，進路決定の状況の3つに対する権利理解の効果を検討する。

　権利理解が就職活動に与える効果について促進と阻害のいずれの方向で作用するかを事前に予想するのは難しいが，理屈のうえでは，例えば次のように想定できる。第1の就職活動の実行では，労働者の権利を理解することが，職場での権利行使によって，より働きやすく働けることを学生に自覚させ，就職活動を積極的に行わせる効果があると想定される。しかし，その一方で，雇用社

会の厳しい現実を知ることにつながり，就職活動に及び腰になる効果があるとも想定される。第2の企業応募の基準では，権利を理解することで公正な処遇を受けることを志向して，自らの能力や適性が発揮できるかを考慮し，そこでできる仕事を重視するようになると想定される。また，労働者の権利が法的に保障されていることを知ることで，権利が担保されるように労働環境を重視するようになると想定される。そして，労働者に配慮する温情主義的経営がみられることが多い企業を選好し，組織属性について規模や知名度を重視するようになると想定される。第3の進路決定の状況では，巷間で根拠なくいわれることだが，権利ばかり主張する学生をうみ，企業がその学生の採用を避け，学生の進路決定が阻害されると想定される。

以上を踏まえ，労働者の権利に関する理解の就職活動に対する効果について，以下の研究設問のもと実証的検討から事実発見を行う。

研究設問3：労働者の権利に関する難しい知識と易しい知識についての大学生の理解は，就職活動の実行，企業応募の基準，進路決定の状況にどのような効果があるか。

●キャリア意識は権利理解の効果をどのように調整するか

中教審大学分科会[2009]では，キャリア教育が働きかける対象として職業観・勤労観に言及されたが，一般に学習の効果が個人の学習レディネスに依存することを考慮すると，権利理解の効果は学生の職業観・勤労観から調整されると想定できる。そこで本章は，職業観・勤労観としてキャリア意識に着目し，キャリア意識によって調整された権利理解の効果を検討する。学生のキャリア意識は「適職信仰」，「受身」，「やりたいこと志向」の3つに整理されている[安達, 2004]。適職信仰とは，将来に夢や希望を抱きながら適職との出会いを待ち続ける傾向のこと，受身な姿勢とは，キャリア選択を自分の切実な問題として捉えることができない状態のこと，やりたいこと志向とは，好きなことや自分のやりたいことを仕事に結びつけて考える傾向のことである。

以上を踏まえ，この章では，これらのキャリア意識の違いにより権利理解の

効果が調整される状況について，以下の研究設問のもと実証的検討を行い，事実発見を行う。

研究設問4：労働者の権利に関する難しい知識と易しい知識についての大学生の理解が就職活動にもたらす効果は，適職信仰，受身な姿勢，やりたいこと志向からどのように調整されるか。

では，次の第3節で調査方法と測定尺度について説明し，第4節で研究設問についてデータを活用した計量分析を行おう（計量分析に関心がない方は3節と4節を飛ばして，5節以降を読んでもらえるとよい。分析結果の考察と含意を理解できるよう筆者なりに努力したつもりである）。

3 方　法

●調査方法

関西にある2つの私立大学で2009年1月に質問紙調査を実施した。調査票は，講義や演習を通じて4年生に配布した。複数の授業に出席している学生がいることから調査票を配布した学生数を正確に確定できないために回収率を算出できないが，有効回収票数は266票であった。2大学は入試における受験生の選抜機能が大きく低下した「マージナル大学」［居神, 2010］であることで共通する。

●測定尺度

(1) 労働者の権利理解の状況

首都圏青年ユニオン・清水［2008］などを参考に，単に知っているだけでなく，使える知識として身についているかを測定するため，**図表4-1**に示した6つの具体的状況について法的問題の有無を尋ねた（いずれも正答は「法的に問題がある」）。(1)(2)(3)は6割程度の正答を得られたが，(4)(5)(6)は2～4割しか正答を得られなかった。労働者の権利は既存研究と同様に，理解に際して難易がある

図表 4-1　労働者の権利に関する大学生の理解

(単位人, ( ) 内%)

労働者の権利に関する設問	法的に問題がある（正答）	法律的に問題はない（誤答）	わからない	計
(1) 今月分の給与の一部分については、店の品物で現物支給すると言われた	177 (66.8)	35 (13.2)	53 (20.0)	265 (100)
(2) 会社から、今月は急に業績が悪化したので今月分の給与は来月2か月分まとめて支払うと言われた	167 (62.8)	45 (16.9)	54 (20.3)	266 (100)
(3) 残業はないので残業手当は払わないという契約で入社したが、現実には残業をしないと仕事が片付かない。残業手当を出してほしいとお願いしたら、そういう契約ではないので、出せないと言われた	149 (56.0)	71 (26.7)	46 (17.3)	266 (100)
(4) アルバイトとして1年以上働いてきたが、旅行に行くため1週間の有給休暇をとらせて下さいとお願いしたら、アルバイトは有給休暇はとれないと言われた	106 (39.8)	118 (44.4)	42 (15.8)	266 (100)
(5) フリーターとして1日6時間週5日のアルバイトを半年間続けてきたが、不安に思い雇用保険に入れるかと聞いたら、アルバイトはダメだと言われた	98 (36.8)	92 (34.6)	76 (28.6)	266 (100)
(6) 店の品物をあやまって壊してしまったので、弁償として今月分の給与から差し引いておくと言われた	67 (25.4)	161 (61.0)	36 (13.6)	264 (100)

出所：本章の図表はいずれも著者が作成した。以下では出所の表記を省略する。

ことが確認される［厚生労働省，2009a, b］。本章ではこの結果を受けて，6つの設問を正答割合の高い項目3つと低い項目3つに分類し，各3点満点の易しい知識の理解と難しい知識の理解の2変数を作成した。これにより，異なるレベルの理解の要因と効果を検討できる。図表4-2（80-81頁）はこれらの変数を含めて重回帰分析に用いた変数の記述統計量を示す。

（2）アルバイトの経験

「5.非常によくした（週5回以上）〜1.まったくしなかった」の5段階で尋ねた結果を用いた。

（3）情報探索行動

「テレビでニュース番組をみる」,「新聞の政治・経済欄を読む」,「経済や社会問題の本を読む」,「大学の勉強以外に資格取得などの勉強をする」の4項目を「5.非常によくした（週5回以上）〜1.まったくしなかった」の5段階で尋

図表 4-2　重回帰分析に用いた変数の観

	N	M	SD	(1)	(2)	(3)	(4)	(5)
(1) 難しい知識の理解	264	1.02	0.92	—				
(2) 易しい知識の理解	265	1.85	0.99	.29 **	—			
(3) 就職活動ダミー	255	0.85	0.35	.03	.20 **	—		
(4) 仕事重視	215	3.18	0.66	.04	.05	.	(.76)	
(5) 労働環境重視	214	3.19	0.65	.18 **	.08	.	.47 **	(.66)
(6) 組織属性重視	214	2.54	0.81	.01	.00	.	.33 **	.40 **
(7) 進路決定ダミー	217	0.84	0.37	.05	-.05	.	.01	-.06
(8) 女性ダミー	266	0.12	0.33	-.05	.00	-.15 *	.06	.18 **
(9) 世帯主被用者ダミー	266	0.71	0.46	-.05	.06	.30 **	.01	.09
(10) アルバイト経験	266	4.18	1.11	.13 *	.05	.23 **	.14 *	.21 **
(11) 情報探索行動	266	2.93	0.81	.21 **	.11	.03	.26 **	.21 **
(12) 適職信仰	259	3.67	0.91	.12 *	-.04	.10	.29 **	.17 *
(13) 受け身の姿勢	252	2.81	1.00	-.03	-.07	-.02	-.26 **	-.20 **
(14) やりたいこと志向	259	3.77	0.86	.00	.11	-.04	.14 *	.05

** $p<0.01$, * $p<0.05$　進路決定ダミー，仕事重視，労働環境重視，組織属性重視は，就職活動を実行した者のみの変

ねた結果を用いた。α信頼性係数はα = .67と尺度構成において許容される値であった。尺度得点は4項目の平均値を用いた。

(4) キャリア意識

安達 [2004] を参考に12項目を「5. まったくその通りだと思う〜1. まったく違う」の5段階で尋ねた（図表4-3）。

図表 4-3　キャリア意識の尺度（最尤法・プロマックス回転による因子分析）

変　数	第1因子：受け身の姿勢	第2因子：適職信仰	第3因子：やりたいこと志向
将来のことはその時になって考えればよい	.90	.03	-.05
あまり先のことは考えない	.79	-.03	.02
今から将来についてあれこれ考えても仕方ない	.73	-.08	-.04
将来はなるようになるんだと思う	.59	.13	.10
将来のために今から，行動をおこすのは面倒くさい	.55	.02	.00
将来，何か大きなチャンスがめぐって来るような気がする	.02	.88	-.02
将来，何かのきっかけで自分にスポットライトがあたるかもしれない	.08	.77	-.03
まだ自分自身も気づいていない才能があると思う	-.03	.73	-.01
自分のやりたいことを実現しようという野心がある	-.15	.60	.05
あまり拘束されず自由な生活をおくりたい	.00	-.05	.84
自分の好きなことが出来る環境にいたい	-.10	.01	.78
本当に自分が好きな事だけをしていきたい	.09	.04	.62
α信頼性係数	.84	.82	.76

測数，平均値，標準偏差，相関係数行列

(6)	(7)	(8)	(9)	(10)	(11)	(12)	(13)	(14)
(.84)								
.00	−							
−.11	−.09	−						
.19 **	.03	.02	−					
.02	.05	.03	.08	−				
.11	.02	.01	−.05	.17 **	(.67)			
.20 **	.14 *	−.11	.01	.27 **	.30 **	(.82)		
−.11	.03	.01	.05	−.06	−.16 *	−.03	(.84)	
.08	−.14 *	−.04	.03	.05	.06	.25 **	.20 **	(.76)

数であるため，就職活動ダミーとの相関係数は算出されない。対角行列に括弧に入れて記した数値は a 信頼性係数である。

　回答結果について因子分析を行った結果，因子が3つ析出された。慣例に倣って因子負荷量が.40以上の項目を因子構成項目として採用した。第1因子の受身な姿勢は「将来のことはその時になって考えればよい」など5項目，第2因子の適職信仰は「将来，何か大きなチャンスがめぐって来るような気がする」など4項目，第3因子のやりたいこと志向は「あまり拘束されず自由な生活をおくりたい」など3項目からなる。a 信頼性係数は $a = .84, .82, .76$ であり，尺度の内的一貫性が確認された。尺度得点は因子構成項目の平均値を用いた。

（5）就職活動の実行

　就職活動を行った場合に1，さもなければ0のいわゆるダミー変数である。

（6）進路決定の状況

　就職活動を行って進路が決まっていれば1をとり，就職活動を行っても決まっていなければ0をとるダミー変数である。

（7）企業応募の基準

　就職活動を行った者を対象に，8項目を「4.かなり重視した～1.全く重視しなかった」の4段階で尋ねた（図表4-4）。

図表4-4　企業応募の基準の尺度（最尤法・プロマックス回転による因子分析）

変　数	第1因子：仕事重視	第2因子：労働環境重視	第3因子：組織属性重視
企業の業種	.87	-.10	.09
仕事の種類や内容	.66	.16	-.07
自分の能力や適性と合っていること	.49	.21	-.05
社風・雰囲気	.10	.78	-.09
勤務時間・休暇・福利厚生など	-.23	.63	.07
企業の将来性・安定性	.21	.42	.27
企業の規模	-.02	.03	.87
企業の知名度	.06	-.08	.83
α信頼性係数	.76	.66	.84

　回答結果について因子分析を行った結果，因子が3つ析出された。第1因子の仕事重視は「企業の業種」など3項目，第2因子の労働環境重視は「社風・雰囲気」など3項目，第3因子の組織属性重視は「企業の規模」など2項目からなる。α信頼性係数は仕事重視と組織属性重視でα = .76, .84と尺度の内的一貫性が確認された。労働環境重視はα = .66と尺度構成において許容される値であった。尺度得点は因子構成項目の平均値を用いた。

（8）コントロール変数
　ここまで述べた独立変数と従属変数は男女間の性差［宗方，1988など］や親子間の職業継承性［小川・田中，1979など］との理論的関連が考えられる。この関連が係数推定値にもたらすバイアスをコントロールするために，女性ダミー（女性＝1，男性＝0）と世帯主被用者ダミー（世帯主被用者＝1，世帯主その他＝0）を用いた。

4 結　果

● 権利理解を規定する要因の分析結果
　図表4-5は，研究設問1について検討を行うために，アルバイト経験と情

図表4-5　大学生の普段の行動が労働者の権利に関する理解にもたらす効果
(最小自乗法による重回帰分析)

独立変数	従属変数:難しい知識の理解					従属変数:易しい知識の理解				
	モデル1 β	2a β	2b β	2c β	3 β	モデル1 β	2a β	2b β	2c β	3 β
ステップ1:コントロール										
女性ダミー	-.05	-.05	-.05	-.05	-.06	.00	.00	.00	.00	.01
世帯主被用者ダミー	-.05	-.06	-.04	-.05	-.05	.06	.06	.07	.06	.07
ステップ2:主効果										
アルバイト経験		.13*		.10	.12		.05		.03	-.02
情報探索行動			.21**	.19**	.18**			.12	.11	.13*
ステップ3:調整効果										
アルバイト経験×情報探索行動					.06					-.12
モデル全体のF統計量 (F)	.67	1.99	4.47**	4.01**	4.19**	.48	.52	1.53	1.20	1.33
ステップ2の変数群のF統計量 (F_2)		4.60*	12.00**	9.85**			.62	3.63	3.21	
ステップ3の変数群のF統計量 (F_3)					.91					3.30
決定係数 (R^2)	.01	.02	.05	.06	.06	.00	.01	.02	.02	.03
サンプルの大きさ	263	263	263	263	263	264	264	264	264	264

** p<0.01, * p<0.05

報探索行動が労働者の権利に関する理解にもたらす効果について，最小自乗法による重回帰分析を行った結果を示す。なお，調整効果の検討を行う際の多重共線の問題を回避するため，交差項の元となるアルバイト経験・情報探索行動はいずれのモデルでも中心化してある（[Jaccard & Turrisi, 2003]　以下の分析でも同じ）。

　ステップ2では従属変数に難しい知識の理解をとった推定において，モデル2a，2b，2cのいずれも追加投入した変数群のF統計量が有意であるという結果が得られたのに対し（$F_2 = 4.60$, $p<.05$；$F_2 = 12.00$, $p<.01$；$F_2 = 9.85$, $p<.01$），易しい知識の理解を従属変数とした推定では，モデル2a，2b，2cのいずれも有意な結果は得られなかった（$F_2 = .62$, $p>.05$；$F_2 = 3.63$, $p>.05$；$F_2 = 3.21$, $p>.05$）。

　従属変数として難しい知識の理解を用いたモデル2a，2b，2cでは，追加投入した変数群のF統計量が有意であるという結果が得られたが，これらについて個別の変数の係数推定値をみると，モデル2aではアルバイト経験が有意に正であり（$\beta = .13$, $p<.05$），モデル2bでは情報探索行動が有意に正であるという結果が得られた（$\beta = .21$, $p<.01$）。また，両変数を投入したモデル2cの結果をみると，アルバイト経験が有意でないのに対し（$\beta = .10$, $p>.05$），情報探索行動は有意に正であるという結果が得られた（$\beta = .19$, $p<.01$）。これらの結果

から、まずアルバイト経験と情報探索行動は労働者の権利に関する難しい知識の理解を促すと考えられる。

研究設問2について検討するため、アルバイト経験と情報探索行動の関係について、媒介関係から検討しよう［Baron & Kenny, 1986］。図表4-2においてアルバイト経験と情報探索行動の相関係数が $r = .17$, $p<.01$ であることから示唆されるとおり、女性ダミーと世帯主被用者ダミーをコントロール変数として、情報探索行動を従属変数とし、アルバイト経験を独立変数とする重回帰分析を行うと、冗長なので推定結果の図表は割愛するが、アルバイト経験の係数推定値は統計的に有意であるという結果が得られた（$\beta = .17$, $p<.01$）。この結果とモデル2a、2b、2cの結果から、アルバイト経験の効果は情報探索行動に媒介されるという関係にあると考えられる。Sobelテストを行ったところ、情報探索行動に媒介されたアルバイト経験の間接効果は $\beta = .03$, $p<.05$で有意であるのに対し、直接効果は $\beta = .10$, $p>.05$と有意な結果は得られなかった。以上を踏まえると、アルバイト経験の効果は、アルバイト経験が学生の情報探索行動を促し、その情報探索行動に媒介されて難しい知識の理解が起こるという有意な間接効果が確認されたが、アルバイト経験が難しい知識の理解にもたらす直接効果は確認されないという完全媒介モデルのもとにあるとみられる。

他方、アルバイト経験と情報探索行動について調整効果がある可能性を考慮し、両変数の交差項を投入したモデル3も推定した。しかし、交差項を投入したステップ3では、難しい知識の理解、易しい知識の理解のいずれを従属変数にとったモデルにおいても、追加投入した変数群のF統計量が有意であるという結果が得られなかった（$F_3 = .91$, $p>.05$；$F_3 = 3.30$, $p>.05$）。この結果から、アルバイト経験と情報探索行動にはどちらかがどちらかを調整する関係にあるとは考えられない。

● 権利理解がもたらす効果に関する分析結果

図表4-6は就職活動の実行に対する労働者の権利に関する理解の効果について、プロビットによる重回帰分析を行った結果を示す。なお、キャリア意識の各変数はやや相関係数が高いために、個別にモデルに投入して推定した。ス

figure 4-6 労働者の権利に対する大学生の理解が就職活動の実行にもたらす効果
(プロビットによる重回帰分析)

独立変数	従属変数:就職活動ダミー						
	モデル1 dy/dx	2a dy/dx	3a dy/dx	2b dy/dx	3b dy/dx	2c dy/dx	3c dy/dx
ステップ1:コントロール							
女性ダミー	-.13*	-.12*	-.11*	-.14*	-.14**	-.13*	-.12*
世帯主被用者ダミー	.19**	.19**	.18**	.19**	.19**	.19**	.18**
ステップ2:主効果							
難しい知識の理解		-.01	-.01	.00	-.01	.00	.00
易しい知識の理解		.06**	.06**	.06**	.06**	.06**	.06**
適職信仰		.04	.03				
受け身の姿勢				-.01	-.01		
やりたいこと志向						-.03	-.03
ステップ3:調整効果							
難しい知識の理解×適職信仰			-.02				
易しい知識の理解×適職信仰			-.02				
難しい知識の理解×受身の姿勢					.01		
易しい知識の理解×受身の姿勢					.00		
難しい知識の理解×やりたいこと志向							-.04
易しい知識の理解×やりたいこと志向							-.01
モデル全体の尤度比検定統計量 (χ^2)	24.6**	32.2**	33.7**	29.7**	30.1**	31.4**	33.0**
ステップ2の変数群の尤度比検定統計量 (χ^2_2)		10.6*		8.27*		9.43*	
ステップ3の変数群の尤度比検定統計量 (χ^2_3)			2.18		.32		2.97
マクファデンのρ	.12	.19	.20	.17	.17	.18	.19
サンプルの大きさ	254	246	246	239	239	245	245

** p<.01, * p<.05

テップ2では,モデル2a,2b,2cのいずれも追加投入した変数群の尤度比検定統計量が有意であるという結果が得られた($\chi^2_2 = 10.6$, $p<.05$, $\chi^2_2 = 8.27$, $p<.05$, $\chi^2_2 = 9.43$, $p<.05$)。これらのモデルについて個別変数の係数推定値をみると,易しい知識の理解が有意に正であるという結果が得られた($dy/dx = .06$, $p<.01$, $dy/dx = .06$, $p<.01$, $dy/dx = .06$, $p<.01$,)。しかし,キャリア意識による調整を検討するステップ3では,尤度比検定統計量,個別変数の係数推定値ともに有意な結果は得られなかった。これらの結果から,易しい知識の理解が進むことにより,就職活動の実行が促されると考えられるが,キャリア意識による調整効果があるとは考えられない。

figure 4-7は企業応募の基準に対する効果について,最小自乗法による重回帰分析を行った結果を示す。なお,企業応募の基準は就職活動を行った回答者だけに回答を依頼したので,サンプルセレクションバイアスを考慮した推定も行ったが[Wooldridge, 2010],バイアスの効果を支持する結果は得られなかった。

図表4-7 労働者の権利に対する大学生の理解が企業応募の基準にもたらす効果
(最小自乗法による重回帰分析)

独立変数	従属変数：仕事重視						
	モデル1 β	2a β	3a β	2b β	3b β	2c β	3c β
ステップ1：コントロール							
女性ダミー	.06	.08	.07	.07	.08	.08	.07
世帯主被用者ダミー	.01	-.02	-.01	.02	.04	.00	.01
ステップ2：主効果							
難しい知識の理解		-.01	-.02	.04	.04	.03	.05
易しい知識の理解		.08	.08	.01	.00	.01	.00
適職信仰		.30**	.32**				
受け身の姿勢				-.26**	-.26**		
やりたいこと志向						.15*	.13
ステップ3：調整効果							
難しい知識の理解×適職信仰			.08				
易しい知識の理解×適職信仰			-.04				
難しい知識の理解×受身の姿勢					.14		
易しい知識の理解×受身の姿勢					-.14		
難しい知識の理解×やりたいこと志向							.13
易しい知識の理解×やりたいこと志向							-.03
モデル全体のF統計量 (F)	.39	4.14**	4.26**	3.27**	3.37**	1.09	.89
ステップ2の変数群のF統計量 (F_2)		6.56**		5.06**		1.51	
ステップ3の変数群のF統計量 (F_3)			.63		2.89		1.75
決定係数 (R2)	.00	.09	.10	.08	.11	.03	.04
サンプルの大きさ	214	207	207	200	200	206	206

独立変数	従属変数：労働環境重視						
	モデル1 β	2a β	3a β	2b β	3b β	2c β	3c β
ステップ1：コントロール							
女性ダミー	.17*	.19**	.18**	.18**	.18**	.19**	.19**
世帯主被用者ダミー	.08	.07	.07	.09	.10	.08	.08
ステップ2：主効果							
難しい知識の理解		.16*	.16*	.18*	.17*	.18*	.19**
易しい知識の理解		.04	.04	.00	-.02	.01	.00
適職信仰		.16*	.16*				
受け身の姿勢				-.21**	-.21**		
やりたいこと志向						.07	.06
ステップ3：調整効果							
難しい知識の理解×適職信仰			.05				
易しい知識の理解×適職信仰			.03				
難しい知識の理解×受身の姿勢					.17*		
易しい知識の理解×受身の姿勢					-.07		
難しい知識の理解×やりたいこと志向							.08
易しい知識の理解×やりたいこと志向							.02
モデル全体のF統計量 (F)	4.17*	4.42**	4.04**	5.04**	5.03**	3.31**	3.35**
ステップ2の変数群のF統計量 (F_2)		4.43**		5.65**		2.66*	
ステップ3の変数群のF統計量 (F_3)			.42		3.08**		.73
決定係数 (R2)	.04	.10	.10	.12	.14	.08	.08
サンプルの大きさ	213	206	206	200	200	205	205

独立変数	従属変数：組織属性重視						
	モデル1 β	2a β	3a β	2b β	3b β	2c β	3c β
ステップ1：コントロール							
女性ダミー	-.13	-.12	-.14*	-.13	-.13	-.12	-.11
世帯主被用者ダミー	.20**	.18**	.19**	.19**	.21**	.20**	.19**
ステップ2：主効果							
難しい知識の理解		-.01	-.01	.02	.02	.01	.01
易しい知識の理解		.01	-.01	-.02	-.03	-.03	-.02
適職信仰		.19**	.17*				
受け身の姿勢				-.12	-.12		
やりたいこと志向						.06	.07
ステップ3：調整効果							
難しい知識の理解×適職信仰			.02				
易しい知識の理解×適職信仰			.11				
難しい知識の理解×受身の姿勢					.12		
易しい知識の理解×受身の姿勢					-.05		
難しい知識の理解×やりたいこと志向							.04
易しい知識の理解×やりたいこと志向							.12
モデル全体のF統計量 (F)	5.92**	3.69**	3.55**	2.71	2.88	2.33	2.27*
ステップ2の変数群のF統計量 (F_2)		2.48		1.05		.26	
ステップ3の変数群のF統計量 (F_3)			1.34		1.28		1.80
決定係数 (R2)	.05	.09	.10	.07	.08	.06	.07
サンプルの大きさ	213	206	206	200	200	205	205

**$p<.01$, *$p<.05$

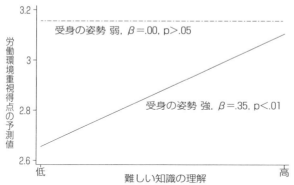

図表4-8　受け身な姿勢が労働環境重視に対する難しい知識の理解の効果を調整する効果（単純傾斜分析）

注：予測値は世帯主被用者ダミーと女性ダミーがいずれも0である場合。

　この結果を受けて，推定結果を簡潔に表示するため，サンプルセレクションバイアスを考慮した推定の結果は掲載しないことにした（進路決定の状況も同じ）。

　ステップ2では，労働環境重視を従属変数にとったモデル2a，2b，2cで，追加投入した変数群のF統計量が有意であるとともに（$F_2 = 4.43$, $p<.01$, $F_2 = 5.65$, $p<.01$, $F_2 = 2.66$, $p<.05$），個別変数の係数推定値では，難しい知識の理解の効果が有意に正であるという結果が得られた（$\beta = .16$, $p<.05$, $\beta = .18$, $p<.05$, $\beta = .18$, $p<.05$,）。

　さらにステップ3では，労働環境重視を従属変数とするモデル3bで追加投入した変数群のF統計量が有意であるとともに（$F_3 = 3.08$, $p<.05$），難しい知識の理解と受け身な姿勢の交差項の係数推定値が有意に正であるという結果が得られた（$\beta = .17$, $p<.05$）。この結果を受けてCohen and Cohen［1983］にしたがい，難しい知識の理解の高低と受身な姿勢の強弱についてそれぞれ$M \pm 1SD$の値を設定し，単純傾斜分析による下位検定を行った（図表4-8）。受け身な姿勢が強い場合は，$\beta = .35$, $p<.01$と難しい知識の理解の係数推定値が有意に正であるのに対し，受け身な姿勢が弱い場合は，$\beta = .00$, $p>.05$と係数推定値が有意ではないという結果が得られた。これらの結果から，難しい知識の理解が進むことにより，労働環境を重視した企業応募が促されるようになるが，そ

図表4-9　労働者の権利に対する大学生の理解が進路決定にもたらす効果（プロビットによる重回帰分析）

独立変数	従属変数：進路決定ダミー						
	モデル1 dy/dx	2a dy/dx	3a dy/dx	2b dy/dx	3b dy/dx	2c dy/dx	3c dy/dx
ステップ1：コントロール							
女性ダミー	-.09	-.05	-.05	-.06	-.07	-.07	-.06
世帯主被用者ダミー	.03	.03	.03	.03	.03	.05	.05
ステップ2：主効果							
難しい知識の理解		.02	.02	.03	.03	.02	.02
易しい知識の理解		-.03	-.03	-.03	-.03	-.03	-.03
適職信仰		.04	.05				
受け身の姿勢				.01	.00		
やりたいこと志向						-.06*	-.06*
ステップ3：調整効果							
難しい知識の理解×適職信仰			.00				
易しい知識の理解×適職信仰			-.02				
難しい知識の理解×受身の姿勢					-.02		
易しい知識の理解×受身の姿勢					.02		
難しい知識の理解×やりたいこと志向							.02
易しい知識の理解×やりたいこと志向							.02
モデル全体の尤度比検定統計量（χ^2）	1.71	5.03	5.27	2.63	3.56	6.30	7.02
ステップ2の変数群の尤度比検定統計量（χ^2_2）		4.12		1.77		5.42	
ステップ3の変数群の尤度比検定統計量（χ^2_3）			.37		1.00		.96
マクファデンのρ	.01	.03	.03	.01	.02	.04	.04
サンプルの大きさ	216	208	208	201	201	207	207

＊＊ $p<.01$，＊ $p<.05$

の効果は受け身の姿勢が強い者ほど顕著であると考えられる。

　図表4-9は進路決定の状況に対する効果についてプロビットによる重回帰分析を行った結果を示す。進路決定の状況ではステップ2でもステップ3でも労働者の権利の理解が効果をもつという有意な結果は得られなかった。これらの結果から，進路決定の状況に対して労働者の権利を理解することに何らかの効果があるとは考えられない。

5　考　察

　ここまでは，労働者の権利には理解が難しいものと易しいものがあると確認したうえで（図表4-1），4つの研究設問について分析を行ってきた。ここでは結果を考察して含意を述べる。

●どのような方針で労働者の権利教育を行えばよいか

　まず，研究設問1，2をもとに，アルバイト経験と情報探索行動が労働者の権利に関する理解に及ぼす効果を分析した（図表4-5）。分析結果から，アルバイト経験と情報探索行動は難しい知識に関する理解を向上する効果があるとみられる（研究設問1）。これは厚生労働省［2009a，b］の調査結果と整合的であるとともに，アルバイト経験や情報探索行動とキャリア形成との関連を論じた既存研究とも整合的である［関口，2010，林，2014bなど］。なお，易しい知識の理解はアルバイト経験と情報探索行動の効果で差がつくことは確認されず，効果は難しい知識の理解でのみ観察された。このことから，アルバイト経験や情報探索行動には，理解することが困難な労働者の権利に関して理解に差をつける効果があると推察される。

　アルバイト経験と情報探索行動が難しい知識の理解を促すことが確認されたが，これを受けてアルバイト経験と情報探索行動の関係が第2節で述べた1)～4)のいずれにあたるかを検討した。分析結果から，アルバイト経験の効果は情報探索行動に完全媒介される2)の関係にあるとみられる。つまり，アルバイト経験が情報探索行動を促し，その情報探索行動が難しい知識に関する理解を向上させるという間接効果がみられた一方，アルバイト経験が難しい知識に関する理解を促す直接効果は確認されなかった。もう少しわかりやすく述べるなら，大学生がアルバイトを単に経験することで労働者の権利を自然と理解するわけではなく，アルバイト経験がきっかけとなって行われた情報探索行動から難しい知識が理解されるということである。単に働いているだけでは労働者の権利は理解されず，情報探索が行われることで理解に至るというのは，論理的に理解できる結果といえよう。

　分析結果から労働者の権利教育の実施方針について考察しておく。教育の場において，アルバイト経験をインターンシップなどの就労体験として行い，情報探索行動を講義・演習として行うことが当を得ているとすれば，就労体験を課した場合には情報探索行動が促されることで労働者の権利が理解されると考えられる。しかし，就労体験の機会を全員に用意することは難しいかもしれない。そのような場合でも，分析結果によると就労体験はきっかけにすぎないの

だから，あえて就労体験を課さずとも，職場から離れて教室で何らかの教育を行うことで労働者の権利を学生に理解させられると考えられる。また，アルバイト経験と情報探索行動との間に調整関係が確認されなかったことから，就労経験の教育効果と講義・演習の教育効果には相乗効果があるとは考えられない。それゆえ，どちらか一方が欠けることでどちらかの教育効果が減ずるとは考えられない。就労体験が授業内で課されず，課外において学生がアルバイトを経験していない場合でも，講義・演習の教育効果が減ずるとは考えられないと指摘できるだろう。

●労働者の権利に関する理解は就職活動にどのように影響するか

　研究設問3，4に関する分析の結果，労働者の権利を理解することで就職活動に影響するという結果が得られた。これは，原・佐藤［2004］，原［2006］，高橋［2008］でみられた労働者の権利に関する理解が人々の意識に影響するという知見と整合的である。

　研究設問3について順に検討する。まず就職活動の実行について，図表4-6に示されるステップ2の結果から，労働者の権利を理解している学生は就職活動を行う確率が高いと確認される。本章では就職活動のプロセスについて就職活動を実行し，応募企業を選択し，進路が決定されると想定したが，易しい知識の理解の効果が有意に正であるという結果から，学生に就職活動の最初の一歩を踏み出させるには，労働者の権利を易しいレベルでよいから理解させることが有効であるといえる。

　また企業応募の基準について，図表4-7に示される労働環境重視を従属変数とした分析のステップ2の結果から，平均的には労働者の権利理解が労働環境を重視することを促すと確認される。なお，効果が確認されたのは難しい知識の理解であったことから，理解がある程度の水準に至らぬ限り，学生が労働環境を重視するようにはならない可能性が示唆される。上で指摘したような方針により労働者の権利を教育することによる難しい知識の理解の向上が労働環境重視の企業応募を促すために有効である可能性がある。

　そして進路決定の状況について，図表4-9に示されるとおり，巷間でいわ

れるのとは異なり，進路決定の状況が権利理解で阻害されることを示す結果が得られなかった一方，促進されることを示す結果も得られなかった。学生の進路決定の状況は個々の大学の教育のパフォーマンスを検討する際しばしば参照される指標であり，近年厳しさを増す大学の経営にとって重要である。本章の分析では進路決定の阻害効果が確認されなかったことから，キャリア教育に労働者の権利教育を位置づけても大学経営上の問題につながるとはいえず，各大学はキャリア教育における労働者の権利教育の実施にことさら慎重になる必要はないことが示唆される。

◉**権利理解で企業応募時に労働環境に目を向けるのはどういう学生か**

　研究設問4であるが，キャリア意識［安達，2004］による権利理解の効果の調整については，図表4-7の労働環境重視を従属変数とした推定のステップ3bの結果から，難しい知識の理解がもたらす労働環境重視の効果が受け身な姿勢の強弱から調整されると確認される。そして，単純傾斜分析による下位検定から，難しい知識の理解の効果は学生の受け身な姿勢が強いときに高いとわかる（図表4-8）。図表4-8の予測値をみれば，受け身な姿勢が強い者（実線）は弱い者（破線）より，難しい知識の理解が低いときに労働環境を重視する度合いが著しく低いのに対し，難しい知識の理解が高いケースでは，受け身な姿勢が強い者は，弱い者と遜色ない程度に労働環境を重視すると確認できる。

　ここで受け身な姿勢の主効果の係数推定値が有意に負であることを考慮すると（**図表4-7**の労働環境重視のモデル2b：$\beta = -.21$, $p<.01$），受け身な姿勢が強い学生は労働環境に問題がある企業を選びかねない可能性が高いと懸念される。しかし，本章の結果は，受け身な姿勢が強い学生でも労働者の権利を難しいレベルまで理解していれば，労働環境を重視して企業を選択するようになることを示唆している。この事実発見は，中教審大学分科会［2009］が職業観，勤労観を培うよう提言した目的のひとつが，受け身な姿勢が強い学生への対応にあったと考えられることから，キャリア教育における労働者の権利理解の位置づけを考えるにあたり重要である。

　なお，誤解を招かないよう慎重を期すべく記しておくと，本章の分析結果は

就職活動に関する限り労働者の権利教育を行えばよく，意識面における教育を行わなくてよいことを示唆しているわけではない。図表4-6，図表4-7，図表4-9を順に確認すれば，労働者の権利に関する理解とキャリア意識の双方に有意な効果が確認される従属変数もあれば，どちらか片方しか有意な効果が確認されない従属変数もあることが確認できる。図表4-2にあるとおり，労働者の権利に関する理解とキャリア意識との間には，難しい知識の理解と適職信仰が $r = .12$, $p<.05$ と有意であるのを除いて，有意な相関関係はほとんどみられない。それゆえ，労働者の権利教育を行うことでキャリア意識を変化させるのは難しく，キャリア意識の改善を目的とした教育が労働者の権利教育と合わせて行われるのが望ましいとみられる（なお，この章で権利理解の効果について媒介モデルを想定した分析を行わなかったのは，媒介関係を主張するには，独立変数と媒介変数間に有意な相関があることが前提となることによる）。つまり本章の結果は，労働者の権利教育と意識面における教育のいずれかに傾倒することなく，双方を目的に照らして有効に行うのが望ましいと示唆していると捉えるのが妥当である。

6 分析の限界

　研究設問1と2に関する分析の限界を述べる。アルバイト経験はアルバイトの頻度という量的側面が測定されたが，関口［2010］が試みたとおり，経験の質的側面も測定するのが望ましかった。質的側面を考慮することで，この章では確認されなかったアルバイト経験からの権利理解に対する直接効果が確認されるかもしれない。また，本章の分析で用いた情報探索行動の尺度が，労働関係に限らず広く一般的な情報に関する情報探索行動を測定した点に留意する必要がある。林［2014b］において特定組織に関する学習が測定されたように，労働関係に限定した情報探索行動を測定するのが望ましかったかもしれない。こうした点に留意し，分析結果を再検証することで，結果の含意は変更される可能性がある。

　研究設問3と4の分析では，権利理解の効果の背景に労働者の権利を理解す

ることにより，学生が心理的にエンパワーメントされた状態におかれると想定した。しかしながら，本章の分析ではこの状態については単に想定したに過ぎない。心理的にエンパワーメントされた状態について構成概念を同定して測定尺度を開発し，権利理解と就職活動の関係を媒介する状況やキャリア意識（特に調整効果がみられた受け身な姿勢）との関連を解明することが求められる。そうすることで，労働者の権利を理解することの効果がより精緻に把握されることになるだろう。

さらに方法面では，この章の分析で用いた卒業直前の一時点データではなく，何回かに分けて調査を実施し，個々人の調査結果を異時点間で紐づけた縦断データを使用することが考えられる。縦断分析は，出来事の前後関係を明確に識別できるため，アルバイト経験や情報探索行動と権利理解の前後関係や，権利理解と就職活動の前後関係をクリアに識別できる。その一方で，長期に及ぶ日本の就職活動によって，サンプルから回答者が多数脱落し，計量分析に必要なサンプルサイズを確保できない可能性がある。本章では分析の実施をまず優先して一時点データを用いたのだが，縦断分析による再検証が必要である。

7 ┃ おわりに

本章の分析から，労働者の権利に関する大学生の理解は普段の行動に規定されるとともに，学卒時の就職活動に関する限り，労働者の権利を理解することで良好な結果がもたらされると結論される。

事実発見をまとめると，アルバイト経験に促される情報探索行動から大学生は労働者の権利を理解することが確認されたのに対し，アルバイト経験が権利理解に直接影響する効果は確認されなかった。アルバイト経験を授業における就労体験，情報探索行動を講義・演習と関連づけることが当を得ているとすると，分析結果から，キャリア教育における労働者の権利教育を行うにあたり，就労体験は有効ではあるが，たとえ就労体験の機会が提供されずとも，労働者の権利教育は講義や演習で可能であると考えられる。

また，労働者の権利に関する大学生の理解は，就職活動を行った者の進路決

定を促進・阻害する効果は確認されない一方で，進路決定の前提となる就職活動の実行を促すとともに，労働環境を重視した企業応募を促す。そしてその労働環境重視を促す効果は，学生の受け身な姿勢が強いときに顕著である。これらの事実発見と，本章において易しいと分類した知識でも正答率は6割程度にすぎず，難しい知識では2～4割と低かったことを合わせれば，学卒時点の就職活動という観点からすると，キャリア教育に労働者の権利教育を位置づけて学生を教育し，労働者の権利を学生が理解するよう促すことは妥当であると考えられる。

【引用・参考文献】

安達智子［2004］「大学生のキャリア選択―その心理的背景と支援」『日本労働研究雑誌』第46巻第12号

居神浩［2010］「ノンエリート大学生に伝えるべきこと―「マージナル大学」の社会的意義」『日本労働研究雑誌』第52巻第9号

小川一夫・田中宏二［1979］「父親の職業が息子の職業選択に及ぼす影響に関する研究」『教育心理学研究』第27巻

菊池高志［2006］「学部レベルにおける労働法教育」『日本労働法学会誌』第107巻

厚生労働省［2009a］『労働関係法制度の知識の理解状況に関する調査報告書』

厚生労働省［2009b］『今後の労働関係法制度をめぐる教育の在り方に関する研究会報告書』

佐藤博樹［2012］『人材活用進化論』日本経済新聞出版社

佐藤博樹・高橋康二［2005］「労働のセーフティーネットを使いこなすためには何が必要か―労働者の権利に関する理解に着目して」佐藤博樹編『若年者の就業行動・意識と少子高齢社会の関連に関する実証研究―厚生労働省科学研究費補助金政策科学推進研究事業・平成16年度総括研究報告書』

首都圏青年ユニオン監修，清水直子著［2008］『おしえて，ぼくらが持ってる働く権利―ちゃんと働きたい若者たちのツヨーイ味方』合同出版

関口倫紀［2010］「大学生のアルバイト経験とキャリア形成」『日本労働研究雑誌』第52巻第9号

高橋康二［2006］「労働のセーフティネットの必要性と利用可能性―高校生の『労働者の権利』に関する理解に着目して」石田浩編著『高校生の進路選択と意識変容』（東京大学社会科学研究所研究シリーズNo.21）

高橋康二［2007］「セーフティネットとしての法知識」労働政策研究・研修機構編『働き方の多様化とセーフティネット―能力開発とワークライフバランスに着目して』（労

働政策研究報告書No75)
高橋康二［2008］「年次有給休暇に関する法知識の所在と機能」『大原社会問題研究所雑誌』第597巻
中央教育審議会大学分科会［2009］『中長期的な大学教育の在り方に関する第二次報告』
道幸哲也［2006］「労働法教育の課題」『日本労働法学会誌』第107巻
林祐司［2009］「新卒採用プロセスが内定者意識形成に与える影響―製造業大手A社のデータを用いて」『経営行動科学』第22巻
林祐司［2014a］「労働者の権利に関する大学生の理解が就職活動に与える効果の実証的検討―就職活動の実行・企業応募の基準・進路決定の状況」『大学評価研究』第13巻
林祐司［2014b］「採用内定から組織参入までの期間における新卒採用内定者の予期的社会化に関する縦断分析―組織に関する学習の先行要因とアウトカム」『経営行動科学』第27巻
林祐司・居神浩・長尾博暢［2009］「大学生の労働法知識と意識・行動」『大学教育学会第31回大会「発表要旨集録」』
原ひろみ［2006］「公的セーフティネットに関する分析」労働政策研究・研修機構編『日本人の働き方とセーフティネットに関する研究―予備的分析』（資料シリーズNo14）
原ひろみ［2008］「労働者の権利理解に関する先行研究のサーベイ」今後の労働関係法制度をめぐる教育の在り方に関する研究会報告資料（http://www.mhlw.go.jp/shingi/2008/08/dl/s0808-11d.pdf, 2009年4月11日アクセス）
原ひろみ・佐藤博樹［2004］「労働組合支持に何が影響を与えるのか―労働者の権利に関する理解に着目して」『日本労働研究雑誌』第46巻第11号
宗方比佐子［1988］「女性のキャリア発達研究の展望」『経営行動科学』第3巻
村中孝史・瀧敦弘［2000］「中小企業における労働法の実施状況と当事者の意識―アンケート調査の結果から」村中孝史・Th.トーマンドル編著『中小企業における法と法意識―日欧比較研究』京都大学学術出版会
Baron, R. M. & Kenny, D. A. [1986] "The moderator?mediator variable distinction in social psychological research: Conceptual, strategic, and statistical considerations," *Journal of Personality and Social Psychology*, vol. 51.
Cohen, J. & Cohen, P. [1983] *Applied multiple regression/correlation analysis for the behavioral sciences (2nd)*. Hillsdale, NJ: L. Erlbaum Associates.
Jaccard, J. & Turrisi, R. [2003] *Interaction effects in multiple regression (2nd)*, Thousand Oaks, California: Sage Publications.
Wooldridge, J. M. [2010] *Econometric analysis of cross section and panel data (2nd)*, Cambridge, Massachusetts: The MIT Press.

付記：この章の分析に用いたデータは編者である居神浩教授と長尾博暢准教授が実施

した調査により収集された。また，本章は林・居神・長尾［2009］が大学教育学会第31回大会で行った要因に関する報告と，『大学評価研究』（第13号，135〜145頁）に掲載された林［2014a］で行った効果に関する分析を大幅に改訂し，1つの章に再構成したものである。

4章 権利を行使することの困難と希望
▶NPO法人「きょうと労働相談まどぐち」と労働問題講座

高橋慎一・橋口昌治

1 はじめに

●NPO法人「きょうと労働相談まどぐち」

　若者がブラック企業に就職して労働問題に巻き込まれる状況があります。経営者が労働者を使い捨てにするのは今に始まったことではありません。しかし，若者が非正規雇用化の流れに巻き込まれる現状は，ごく最近に始まったことです。この仕組みはどのようにして生まれたのでしょうか。また，私たちは若者を使い捨てる仕組みとどのように闘うことができるのでしょうか。法律を知って自分で交渉する？　あるいは他の手段で？

　本章の前半では，ユニオンという労働組合に関わる人たちが，大学などの教育機関で行っている出前授業の取り組みについて紹介します。本書の他の章とは異なり，大学での労働教育実践の記録ということで，臨場感をだすためにも「です・ます調」で書かせてもらいます。また後半では，出前授業の背景にある若者の労働問題やユニオン運動の課題に関して，労働社会学者である橋口昌治さんにインタビューします。

　NPO法人「きょうと労働相談まどぐち」は2010年の11月に発足しました。京都で活動するいくつかの労働組合のメンバーが集まってつくったものです。きょうとユニオン，洛南ユニオン，ユニオンぼちぼち，などです。

　労働組合とは，労働組合法に基づいて，使用者と交渉して労働者の権利を実現する団体です。ユニオンとは，会社のなかにある労働組合や，業種別の労働組合とは異なる，どのような雇われ方でも1人でも加入できる個人加盟型の労働組合です。労働者のなかでも差別される非正規雇用の人とともにある労働組合です。日本のユニオン運動は1980年代後半に始まり，20年以上にわたって

活動してきました。

　NPO法人きょうと労働相談まどぐちは，ユニオン運動のなかで培った労働相談と問題解決の経験をもとにして，労働組合の枠を越えて労働者の権利向上のための取り組みを総合的に行うことを目的として立ち上げられた団体です。このような労働問題についてのNPO法人設立の動きは全国的にも広がりつつあります。関西ではいち早く私たちがこの取り組みを始めました。

　具体的な取り組みとしては，以下のようなものがあります。

　①電話やインターネットによる労働相談活動
　②各地の労組，労働相談センターおよび労災センターとの連携による労働問題解決のための支援
　③労働者の権利教育のための教育機関との連携（労働問題の出前講座）
　④労働問題に関するシンポジウムや勉強会

　まずはなぜ私たちが労働問題の出前講座を始めたのかを説明します。

●出前講座を始めた理由

　私たちがユニオンの活動を通じて日々痛切に実感していることのひとつが，労働者の側に劣悪な労働条件から自らを守るための知識と手段が不足しているということです。ユニオンに駆け込んでくる労働者の圧倒的多くは，すでに会社をやめさせられたか，やめさせられる少し手前くらいの方々です。やめさせる側の会社の方はたいていの場合，周到に準備してからやめさせようとするのに対して，労働者の方はそれに対抗する知識も手段もないままに，ぎりぎりまで自分1人で頑張っていることがほとんどです。

　現在では，劣悪でたいていは違法な労働条件のもとで大量に労働者を雇用しておいて，その環境に適応できない労働者を次から次へとやめさせるという企業の存在が知られるようになっています。いわゆるブラック企業です。そうした企業では，労働者に初めから達成不可能なノルマを与えておきながら，達成できないのが本人の責任であるとして始末書や反省文の提出を何度も求め，そのことでその人を精神的に追い込んでいくという手法がよく使われます。こうしたやり方で追い込まれた労働者は，「できない自分が悪い」という自責の念

に苦しんでいたり，うつ状態になっていたりで，会社の不当な手口に対して何も言えないままに最終的に辞表を提出させられることになります。ユニオンに駆け込んだ時にはすでに身も心もぼろぼろの状態になっているので，こうしたやり方に対して反撃することが難しくなっていることが多いのです。私たちがいつも感じるのは，もう少し早く会社の異常さや違法性に気づいて，行政の労働相談，法律家，あるいはユニオンに相談していればもっとましな解決方法を考えられたのにという悔しい思いです。

私たちはこういった経験から，もっと労働者が会社の不当な手口に対処するための知恵を身につける必要性を痛感しています。また，会社の悪質な雇い方から自分を守るために適切に対処できるような知識や手段を多くの労働者が知るようになれば，そのこと自体が悪質な会社への有効な抑止力になるとも考えています。労働問題を解決するための知識や手段を広く社会に普及させたいという，このNPOの大きな目的のゆえんです。

この知識と手段を普及させるうえで最も有効な方法の1つは，学校の教育にあると私たちは考えました。そこで教育の現場で学生さんたちに，厳しい労働環境に潰されないための知識を教えておられる教員の方々，あるいはこれからそういう授業に取り組みたいと考える教員の方々のためのお手伝いをするべく，私たちは「労働問題の出前講座」という取り組みを始めました。

●労働問題講座

法律を知識として知っていても，それを実際に使いこなすのはとても難しいです。例えば「客観的に合理的な理由を欠き，社会通念上相当と認められない場合は，解雇はできない」と労働契約法に書いてありますが，不当に解雇されそうになっているひとりの労働者がこの条文を使って会社に解雇をやめさせることができるでしょうか？　仮に本人にとって合理性を欠くと思えるものであっても，会社が「合理的な理由がある」と主張して譲らない場合に誰が合理性の判断をするのでしょうか？　すぐに提訴するべきなのでしょうか？

このようなことはユニオンでは日常的に経験することです。代理人弁護士を立てた交渉や裁判，あるいは労働審判といった方法のほかに労働局の「あっせ

ん」，労働組合の団体交渉，労働委員会の「あっせん」などなど，様々な手段が考えられます。そしてどの手段を選択するかはその時どきの様々な条件によります。解雇理由，緊急性，金銭的な費用，労働者の健康状態などです。法律を実際に使いこなす方法とそのための判断基準は様々あり，これから社会に出て働く学生がそれらを選択肢として知っておくことは，身を守るうえでのぜひとも必要なことと考えています。ある程度法律を知ったうえでそれを実際に問題解決につなげるための知識と手段として学ぶことが出前講座の一番の目的です。

　したがって，出前講座では，労働基準法や派遣法といった基本的な労働法の知識のほかに，具体的な労働トラブルの対処の方法（パワハラ，セクハラ，退職勧奨，解雇，長時間労働等），労働基準監督署など行政機関の使い方，労働組合での団体交渉などをお伝えしています。また，雇用保険や健康保険，労災保険といった労働者が働くうえで知っておく必要のある制度の使い方も取り扱います。

　団体交渉の授業では，実際にユニオンで扱うような典型的なトラブルをロールプレイ形式で学んだりします。面と向かって「君を解雇する」と告げられる場面などを経験することで，現実に起こっていることを身近に感じ，実践的な知識になることを期待しています。

　きょうと労働相談まどぐちの出前講座は，神戸国際大学，仏教大学，立命館大学などで行われてきました。以下第2節では，神戸国際大学での出前講座の記録を紹介します。

2 労働問題講座の記録（神戸国際大学）：若者と労働組合入門

●労働組合入門

　神戸国際大学で行われた出前講座の記録を記します。この講座は，若者の労働運動に関わる担当者が若者のための労働組合入門というテーマで話をしました。話の聞き手としては，アルバイト経験のある，就職活動をひかえた，労働組合について知識のない，学部学生の方を想定していました。以下がその概略

です。

　みなさんこんにちは。私は「関西非正規等労働組合ユニオンぽちぽち」という労働組合で活動しています。みなさんは労働組合というものをご存知ですか。テレビニュースで「春闘」という言葉といっしょに，赤いはちまきを巻いた中年男性が拳を振り上げている姿などを見たことがあるでしょうか。私の労働組合のイメージもかつてはそのようなものでした。でも最近は，若者の間で労働組合に対するイメージが変わっているそうです。何か会社でトラブルになったら助けてくれる人たちというように，頼りにされるようになっているそうです。

　この名前を聞いたことはあるでしょうか。グッドウィルユニオン，すき屋ユニオン，フリーター全般労組，ガテン系連帯，キャバクラユニオン，首都圏青年ユニオンなどなど。アルバイト，派遣社員，パート，フリーターの若者たちを支援する労働組合です。彼ら彼女らの活躍がありました。またリーマンショック後の派遣切りで，労働組合運動が盛りあがったことも大きかったのかもしれません。ユニオンぽちぽちもそのような労働組合のひとつです。企業の中にある労働組合や，業種別の労働組合ではなく，地域でどんな職業でも雇用形態でも1人で入ることができる労働組合です。

　ちなみに，日本では，2人以上の人が集まって形を整えれば，労働組合がつくれるようになっていることをご存じでしょうか。世界的にみてもとても珍しい法律らしいです。なんと，そこに座っておられるあなたと私が労働組合をつくりましょうと宣言して，労働組合をつくることができるんです。

　こういう機会もないかと思いますので，まず労働組合の事務所にバーチャルに入ってみたいと思います。前のスライドの写真（写真は省略）を見てください。これが京都駅の南側，労働組合事務所のある通りです。京都駅まで徒歩10分くらいです。写真に写っている大きな通りは九条通といいます。そして右を振り向くと，そこに労働組合事務所があります。中に入ると，こんな感じです。奥の方にキッチンがあります。失業の方や会社と交渉中といった組合員の人たちが来られて，お茶を飲んだり，ご飯を食べたり，映画上映会をしたり，勉強会をしたりしています。また，労働相談を受けたり，会議をしたりもします。

壁には，お知らせのポスターが張ってあったり，スケジュールを書いてあるホワイトボードがあって，これで確認して活動に参加します。この場所はきょうとユニオンという労働組合の事務所で，お金を払ってユニオンぼちぼちは間借りをさせてもらっています。

どんなところなのか，具体的なイメージがもてましたでしょうか。それでは，労働組合をつくるとどんなことができるのか，労働組合にはどんなパワーがあるのか，どんな人たちがいるのか，それを私自身の経験から少しだけお話したいと思います。私は少し前までは市民運動や労働組合なんて大嫌いな若者でした。いろいろあっていま労働組合に関わっています。その経緯を話しながら労働組合の紹介をします。

●これが労働組合だ

労働組合の力を証明するエピソードを1つ紹介します。私は1998年に京都の大学を卒業して，大学院生になって，生活費を稼ぐためにあちこちで日雇い派遣のアルバイトをしました。いま思うと，法律に違反した派遣業者で，現場も毎回荒れていました。内装業者や大工さんの手元作業を手伝ったり，建材の搬入や搬出をする仕事が主なものでした。現場ではいつも怒鳴られ，事故で足の骨が折れても放置されたこともありました。

ある時，友人たちが労働組合をつくって活動していると聞きました。そして今度団体交渉があるから一緒に行こうと誘われました。団体交渉ってなんだ，と思いながらも，おもしろい経験ができるかもと興味があって行きました。

その会社は，モバイル機器のレンタル会社で，20代の新卒の若者が社長からいじめにあって，クビにされようとしていました。喫茶店で待ち合わせだと言われて行くと，ほとんどの人は待ち合わせ時間に遅刻して，一番乗りは私でした。どんなものものしい人たちが来るのかなと思っていたら，大学や街で日常的に話をしそうな人で，これといったものものしさもない人たちが次々と遅刻して現れました。ある人はトイレスリッパをはいており，ラフだなあと笑いました。総勢10人です。

本当にこれで会社に行くのかなと思いましたが，実際に事務員が働いている

オフィスに入り込んで行ってしまったのです。そもそもアルバイト経験しかない私にとって，職場に入るという経験がすごく新鮮でした。うわー人が働いているところに，こんなふうにして入っていくのかと内心どきどきしました。「社長はいますか。労働組合です。〇〇さんの件で申し入れに来ました」と先頭に入っていった組合員が言いました。すると社長らしき中年男性が「帰ってくれ。仕事中なんだから。営業妨害だぞ」と高圧的な対応をしました。長いこと押し問答が繰り返されました。どうなるのかなと思っていたら，「警察を呼べ」と社長が言って，オフィスの中で警察に電話する声がします。え？　警察，呼ばれてるよ。不安そうなのは私だけです。組合員はみなリラックスしています。なぜ？　すぐに警察がきました。警察官は「どうされました」と聞き，社長が「この人たちが営業妨害するんですわ」と言いました。組合員は手慣れた様子で「私たちは労働組合で，団体交渉の申し入れに来ているんですが，社長が拒否されているので，話し合いをしようとしているところなんです」と言いました。そして「知ってはるでしょうけど，民事不介入ですよね」と付け加えました。すると，警察官は「組合ですか，でしたら私らは民事不介入ですから，双方の話し合いでお願いします」と帰っていきました。あれ？と思ったのは社長と私でした。警察を呼べばなんとかなると思っていた社長は，警察が帰って行って10人ほどの人に囲まれたままで，ぐったりと首をうなだれました。そして労働組合との話し合いに応じたのです。

　私は，すごい，と思いました。労働組合はどうも，法律をつかって話し合いをするらしく，そこには警察は入ってこれないんだ！

　労働組合法では，使用者は団体交渉という労使間の話し合いを受ける義務があります。これを受けないと不当労働行為という法律違反になります。また，労働組合の行動は民事責任を免責される場合があり，この日のやり取りも営業妨害にはならないのです。そして警察は刑事問題に関わるもので，労働組合と会社のやりとりは民事の領域なので入ってこれません。こうして，労働組合という仕組みが，話し合いを拒否する社長を振り向かせる力をもっていることを，私はまざまざと体感したのでした。

　いかがでしょうか。ちょっとだけでも労働組合の力を感じてもらえましたか？

◉法律の使い方

　法律って難しい，自分に使いこなせるのだろうかと思われるかもしれません。法律を知ることは大事という部分と，やはり使うのは難しいという部分があります。

　その事例となるエピソードを話します。気がつけば労働組合に関わってしまった私は，早速にも友人から労働相談を受けました。塾で働いている大学生の友人でした。2か月前から塾を辞めたいと伝えているのに，塾長が辞めさせてくれないというのです。「辞められたらこちらも困るので，その分給料は払えない。いままで勉強させてあげたのに辞めるべきではない」などとしつこく言われていると。何の法律の知識もなかった私は「ちょっと待ってね」と言って，別の労働組合に電話して労働相談をしました。すると「民法では労働者が退職意思を示したら，原則として14日以内に契約解除できます。辞めることはできます。また給料から損害を天引きして相殺することは，労働基準法で禁止されています。給料を一度支払ってから損害賠償請求することはできます。しかし今回のケースでは労働者への損害賠償請求は裁判所でも認められにくいでしょうし，現実的な労力を考えたら塾長も提訴はしないでしょう」ということでした。なるほど。そのまま友人に伝えたら，友人は「法律はわかったし，辞めることができるという勇気がもてた」と言いました。一方で「実際に塾長に向かって話をするのはものすごくプレッシャーで，どこまでできるかはわからないけど……」とも。

　法律で守られること，権利を行使できることがわかっていても，実際に行使できるかどうかは，まったく別問題なのです。そこには会社の人間関係，上下関係，社会からの圧力などが吹き荒れていて，1人で立ち向かうことは難しいです。私は，法律はわかったけど上司には言えないという人が，労働組合に加入して，交渉に慣れている人にフォローしてもらい，集団で交渉することで，会社の中の常識や圧力が壊れるのを体感して，社長に決然と向かっていけるようになる姿を，何度も見ました。労働組合は単に権利があるよと伝えるのではなくて，権利行使のノウハウをもち，実行できる人たちの集まりなのだと思います。1人で会社と向き合う個別的労使交渉に対して，組合が入る交渉を集団的労

使交渉といいます。実際に1人で交渉したら即日解雇されたケースもあります。

　労働組合という集団的労使交渉に入ると，会社もうかつに解雇したりはできません。ここに知識としての法律を伝えるだけではない，労働組合の力があります。

●私たちは労働者
　さて，いまお話したような労働問題は，みなさんの将来の話，大学を卒業して就職してからの話なのでしょうか。私は違うと思っています。もしアルバイトをされている方がおられましたら，みなさんもまた法律上はれっきとした労働者なのです。これを知っておくのは，とても大事なことです。
　「学生バイトなんて勉強だ。戦力じゃない」という中小企業の経営者はけっこういると思います。ほとんど丁稚奉公のように扱い，実際には戦力になっているのに，若者から自信を奪って，低賃金や劣悪な労働環境でも「勉強させてもらっている」と若者に納得させるやり方です。
　もう1つエピソードを話します。私は仲間たちと一緒に大学生と大学院生だけで労働組合をつくりました。日本で初めての試みだったそうです。自分で組合をつくろうと思ったきっかけは，学内でアルバイトをしていた留学生が仕事中に民族差別的な暴力事件の被害者になったのに，大学が加害者と被害者の示談で事件を処理したことでした。しかし，これは業務上の災害なので，労働者災害保険法，いわゆる労災の適用範囲なのです。大学は労災隠しをしたのです。大学は「学生アルバイトは教育であり，労働ではない」と主張しました。そこで私たちは労働組合をつくって大学と交渉し，結果的に学生や院生であっても労働者であることを認めさせ，労災も適用されることを公言させるに至りました。
　労災保険は，短時間しか働いていなくても，アルバイトでも，労働者を加入させる義務が事業主にあります。みなさんがアルバイトをしているとしたら，みなさんも絶対に入ることができるのです。そしてもし仕事中に事故にあったら，休業補償給付や療養給付を受けることができますし，障害が残れば障害補償給付を受けることができるのです。いまなら，かつて工事現場で足の骨が折

れたまま放置されていた私自身にもアドバイスができるかなと思います。またこの労災を隠す企業も多くありますので，やはり１人で交渉して労災保険を受けるのが難しいとき，私たちがやったように労働組合と一緒に行動することで，権利を行使することができると思います。

　学生のみなさんもアルバイトをしていたら，れっきとした労働者なんですよ，とお伝えしたいと思います。労働組合は万能ではないですが，１人で孤立しそうになったとき，世界を変えるための１つの方法であると確信しています。

　さて上記，第１回目の出前講座の概要を記しました。初めて労働組合を知る人々に向けて，労働組合の現実や役割をイメージしてもらうことを目的にした講義でした。講座の最後に，団体交渉のロールプレイを少しだけしました。すると，学生の方々から団体交渉で労働組合の力を感じたという話が実演してもらうことでよりわかりやすかった，ロールプレイをもっとみたい，というコメントが寄せられました。

　そこで第２回目の出前講座では，居神先生との話し合いの結果，団体交渉のロールプレイをすることにしました。学生の方々の反応から，やはり労働組合の権利実現の方法としては団体交渉の実演が最もわかりやすいと私たちは考えました。記録をそのまま掲載すると紙幅が足りませんので，本書ではロールプレイのシナリオの骨子と団体交渉申入書のひな形を掲載するにとどめます。シナリオ資料をみていただければ，全体の流れはわかるようになっています。以下に団体交渉ロールプレイの意義を少しだけ解説します。

　労使関係においては，使用者が労働者に対して圧倒的な力をもっています。職場で普段の仕事の関係性をひきずっていては対等に話をすることさえできません。年上の上司からパワハラなどを日々受けて萎縮させられた労働者が語り始めるには，労使関係をできるだけ対等にする必要があります。団体交渉は，この労使関係の圧倒的に非対称な力を変化させる手段の１つです。ロールプレイでは，学生の方々に労働者を演じてもらい，会社の社長を居神先生に演じてもらいました。演じ手になってくださる学生の方には，事前に居神先生から声かけをしていただきました。

目上の先生に学生は言葉で押し返すことができるのか，労働者は社長にものを言うことができるのか。実際の授業では，学生さんもがんばって主張をしますが，なかなかうまくいきません。言葉たくみな社長にあしらわれてしまいました。コミカルなやりとりに実演を見ている観客の学生たちからは笑い声がもれました。

　そこで労働組合員が支援して，法的根拠を語りながら，交渉を進めていきました。強引に追い返そうとして，社長が警察を呼ぶものの，警察官は民事不介入と言って立ち去ります。社長は労働者の言い分を聞く状況に追い込まれます。誰も社長を助けてくれません。力関係が変化します。すると，労働者役の学生の方々もまた言葉を口にしはじめます。こうして，目上の人を前にして圧力をかけられて話せないという状況から，自分の言葉で権利を要求できるようになるまでのプロセスを，実際に学生の方々に経験してもらいました。

　授業後のコメントカードには，労働組合の団体交渉について，その威力や役割が体験できたというコメントが多くありました。

「団体交渉のロールプレイ」シナリオ骨子

■会社と事件の概要
Ｆラーニング株式会社：英語教材の販売を主たる業務とする企業。従業員数は正規・非正規あわせて全国で300名ほど。求人情報誌やハローワークに出している募集要項は「高卒以上，各種保険完備，昇給あり，就業時間は10：00～18：00／土日祝祭日休暇」。
事件の概要：この労働争議は，新卒社員であるＡさんに対して会社が行った入社ガイダンスで労働条件を隠していたため，実際の仕事内容と落差があったことに端を発している。昇給，一時金（ボーナス），残業（代）の有無などについて虚偽の説明をしていた。また，団体交渉を拒否したり，組合に加入したことを理由にＡさんに不利益な扱いをした。

■登場人物
・新卒社員Ａさん（学生の方が担当）
・Ａさんと同期のＢさん（学生の方が担当）
・労働組合交渉員（きょうと労働相談まどぐちのメンバー担当）
・社長（居神先生の担当）

・京都支店長（きょうと労働相談まどぐちのメンバーが担当）
・警察官（きょうと労働相談まどぐちのメンバーが担当）

■ナレーション
◆シーン1：入社説明会
支店長：「新入社員の皆さん，入社おめでとうございます。我が社で働けるということは，日本の教育産業に貢献できる素晴らしいことです。しかも，自分で働いて稼いだ分だけ給料が貰えるという素晴らしいシステムを我が社は採用しています。ボーナスは業績の良い時には年6カ月は出ます。昇給は年に一度で2年から3年で倍近くになる社員さんもいます。我が社のセールスマンの平均月収は80万円です。なかには月に200万稼ぐ先輩もいます。皆さんも頑張って稼いでください。一緒に夢を育みましょう。」

◆シーン2：労働契約と就業
　社員Aさんはやる気をもって働こうと，雇用契約書を会社との間で交わしました。しかし，実際に働き始めると，土日祝日関係なく長時間残業をしながら働くことになりました。残業代は支給されていません。実際の平日時間外労働は1日平均8時間に及ぶものでした。また，親類，友人，知人に商品を売ることを強制されるようになりました。ノルマが厳しく，達成できないときは，上司から誹謗中傷や暴力を含め，厳しい叱責にさらされます。

◆シーン3：労働組合に相談
・社員Aさん：（労働組合に相談。状況説明をする）
・労働組合：（Aさんに詳細情報の聞き取りをする。雇用契約書の確認。残業について。労働組合の説明と交渉・争議の流れについて説明。証拠収集——例えば支店長との直談判と録音，毎日使っている手帳に残業時間を記録すること等——を助言）

【解説ポイント】
・入社説明会や労働契約時の説明と，実際に働いてからの就業条件の違い。証拠集め。
・労働組合に何ができるか，入ることのメリット・デメリット。

■実　　演
◆シーン4：支店長への直談判
・社員Aさん：（誠意をもって労働条件に関する自身の思いを伝える）
・同僚Bさん：（Aさんと共に職場を変えようとする）
・支店長：（労働者としては半人前のAさんの気持ちの弱さをつくような仕方で，否定的な態度で接する。基本的には問題をもみ消そうとする）

◆シーン5：団体交渉の申し入れ
団体交渉申入書を送付するも，回答期日までに無回答。Aさんに対してパワハラを行う。そこですぐに団体交渉を直接申し入れするために，労働組合交渉員とAさん・Bさんが

会社を訪問する。
- 労働組合／社員Aさん・Bさん：（申し入れをする）
- 支店長：（話し合いを拒否し続ける。しばらくやり取りをして、労働組合側が帰らないので警察を呼ぶ）

　→労働組合側は民事不介入を主張。警察は一通りの事情聴取を終えて、労働組合であることを確認してから帰る。支店長は話し合いをすることに納得し、社長同席の場をつくることにする。

【解説ポイント】
　申入書に記した話し合い事項は、「・Aさんの労働条件、・Aさんに行われているパワーハラスメント、・不当労働行為、・その他」。実際の申入書のモデルを見ながら解説。

◆シーン6：**団体交渉と解決（話し合いの継続）**
- 労働組合：（Aさんの事件に関する経過を確認して交渉を開始する）
- 社長：（支店長からの事情だけ聞いており、労働組合と対立的にならないように、穏やかに対応）
- 支店長：（労働契約については事実関係を否認。実際の労働条件やパワハラについてはある程度事実を認めながらも開き直って対応。法律についての知識もなく、労働組合に対して強気の姿勢）
- 労働組合：（団体交渉の拒否、不利益取り扱い、就業前の説明と就業後の労働条件の違い、時間外労働・残業代未払い、日常的パワハラなど、法律違反の事実を追求）

　→支店長は開き直るも、労働契約時の虚偽に関する証拠（録音テープ）やパワハラの証拠が出てくると、社長が穏便な解決を探ろうとする。しかし、問題が他の社員に広がっていくことを恐れて「他の従業員には内密にしてほしい」という話を暗に出して、Aさんの問題の収束を図ろうとする。

【解説ポイント】
- 不当労働行為（労働組合法）、時間外労働・残業代支払い（労働基準法）、労働契約と労働条件（労働契約法）、日常的パワハラなど、ごくごく簡潔に解説。法律の条文や相談マニュアルを印刷・配布して補足とする。
- 労使関係の正常化をある程度達成した団体交渉。今後の展開を解説。

　　　　　　　　　きょうと労働相談まどぐち出前授業資料　2012年2月3日　神戸国際大学

団体交渉申入書のひな型

　　　　　　　　　　　　　　　　　　　　　　　　　　　2012年2月3日

兵庫県西宮市〇〇〇
Ｆラーニング株式会社
代表取締役　Ｆ　様

　　　　　　　　　　　　　　　　　　　　　京都府京都市南区〇〇〇
　　　　　　　　　　　　　　　　　　　　　京都地域合同労働組合
　　　　　　　　　　　　　　　　　　　　　　執行委員長　　〇〇〇
　　　　　　　　　　　　　　　　　　　　　　　　　Tel：〇〇〇
　　　　　　　　　　　　　　　　　　　　　　　　　Fax：〇〇〇

団体交渉申入書

　貴社に勤務していますＡさんが，京都地域合同労働組合（以下，組合）に加入したことをお知らせします。組合員Ａさんに関して，以下の協議事項について団体交渉の開催を申し入れします。

記

1．協議事項
①Ａさんの労働条件について
②京都支店長のＡさんに対するパワーハラスメントについて
③京都支店長がＡさんに行なった不当労働行為について
④その他

2．参加者
代表取締役および京都支店長の参加をお願いします。

3．日程
2012年2月15日までに開催することとし，担当者（〇〇：連絡先〇〇〇）と調整してください。

　　　　　　　　　　　　　　　　　　　　　　　　　　　　　　以上

3 ┃ 若者とユニオン運動─橋口昌治さんへのインタビュー

　この節では，若者の労働運動に活動家として関わりながら労働社会学を研究している橋口昌治さん（『若者の労働運動─「働かせろ」と「働かないぞ」の社会学』著者）へのインタビューを通じて，出前授業の背景にある若者と労働問題の現状，そしてユニオン運動の役割と課題について示唆を得たいと思います。質問者は，きょうと労働相談まどぐちのメンバーです。

●若者のユニオン：労働組合とその背景

質問　若者がユニオンなどの労働運動に関わる動きが2000年代半ばにありました。このような動きができたのはなぜだったのでしょうか。当時と今とでは状況はどのように変化しているのでしょうか。

橋口　1980年代あたりまでは，高校や大学を卒業して正社員として就職することが一般的でした。もちろん困難を抱えた若者も多くおり，一般化することの乱暴さはありますが。しかし，産業構造におけるサービス産業の割合が上昇していくなかで，アルバイトの仕事が増えていき，卒業してもアルバイトで暮らしていく若者，いわゆるフリーターがだんだん増えていきました。80年代はバブルもあって景気がよかったですし，90年代も，大都市ではフリーターでも生活していけるという状態が続いていました。ただしそれは，男性の場合，20代後半から30代にかけて正社員に転換していく，女性の場合，結婚をして主婦パートになるといったこととセットであったといえるでしょう。「正社員にならない生き方」なるものは，「いずれ正社員，あるいはその妻になれる」ということが支えていたという言い方もできます。それが徐々に経済の状況が全体的に厳しくなっていき，将来の展望がもてなくなってきた。また働き方をみても，非正規雇用の労働条件が様々な面で悪化してきたと考えられます。

　そういう事態が進行しているなか，2000年前後に経済格差が社会問題になり，大きな議論を呼び起こしました。同時期に，「誰でも１人でも入れるユニオン」という労働組合の形態があることに着目した若者たちがおり，2000年結成の首都圏青年ユニオンを嚆矢として，「若者の労働運動」が始まりました。

なぜ若者がユニオンを使い始めたのかというと，非正規労働者，請負，フリーランス，中小零細で働いている人だと，組合，その多くが大企業の正社員を中心としたものですが，そこには入れないからです。彼らにとって，誰でも作れて，誰でも入れるユニオンが，自分たちにも可能な労働運動のやり方だったのです。

若者の労働運動が結成された当時と現在の状況を比較して思い浮かぶのは，先ほどもいいましたように，非正規から正規になっていく回路が狭まっているということですね。初めから非正規で働く人の割合がどんどん増える一方，いざ正社員になろうと思っても難しくなっている。非正規雇用で十分に暮らしていける状態であればいいのですが，職場の状態をみても，社会保障制度をみても，そうはなっていない。今後も，賃金の上昇が見込めず，低賃金，不安定雇用で働く人々が増えていくと考えられます。

質問 知らない人からすると，労働組合などというと少し身構えてしまいますが，実際には若者の労働運動にはどのような人がかかわっているのでしょうか。
橋口 当初は，労働運動や社会運動に関わっていた若者が中心でした。なぜなら，そういう人たちにこそユニオンの情報が入りやすかったからです。彼らは労働運動のことを知りつつも，どこか自分たちがやることではない，それは年長者がやるものだと思っていました。また，年長者とは生活や働くことに関する価値観が違っていました。上の世代は，労働運動をやっている人たちであっても，フリーターなんてだめな働き方なんだと考えていました。困って頼ってきた相談者に対して，お説教をすることさえありました。だから，お互い価値観を共有できる同じ世代の若者たちが集まって独自のユニオンを作ったのです。

実は日本は世界的にみて，労働運動を始めやすい国なのです。日本の労働法制では，2人の人が「組合を作ろう」という結成宣言をしたら組合を作れる仕組みになっています。また，ある会社に組合員が1人でも雇われていたら，その会社に団体交渉の申し入れができて，会社は正当な理由がない限り，その申し入れを受けないといけません。解雇された場合も，不当だといって交渉できます。これは世界的にみても珍しく，すごく労働組合，労働運動をやりやすい

状態にあります。しかし2000年代になるまで，若者たちの多くはそういうことを知らなかったわけです。それを知ったということが大きかったと思いますし，そういった情報はどんどん広まっていて，今では社会運動に関わりのなかった若者もユニオンの担い手になっています。

● **ブラック企業論と有効性**
質問　若者の働き方を取り巻く状況が変化しているといわれています。マスコミの論調はどのように変化してきたのでしょうか。また，個々の若者の意識はどのように変化してきたのでしょうか。

橋口　一時期ほどは自己責任論，つまり「できないあなたに問題がある」という論調は減ったと思いますし，そういうふうに考える人も減っているのではないでしょうか。しかし，まだまだ企業を規制する労働組合の力が弱いということもあり，解雇やパワハラなど，いざとなったときに自分が頑張らないといけないという状態はまだ残っています。それ故の自己責任論，つまり「結局はなんだかんだ言っても自分一人で何とかしないといけない」というリアリティは根強く残っています。

　いわゆるブラック企業論にしても，ブラック企業をどう見分けるか，いかに避けるかという話になりがちです。大学で講義をしていても，ブラック企業に入らなくするにはどうしたらいいのかといった質問がかなりあります。この発想だと，求人票の見方など企業の見分け方を訓練するという個人的な解決が重視されます。もちろん，問題がありそうな企業を個々の労働者が避けるようになって，その企業が結果的に人を雇えなくなるという流れが発生するかもしれません。そして，ブラック企業に人が集まらないという結果をもたらすことで，企業もブラック企業にならないようにしようという効果はあるかもしれません。ただやはり私たちが原則的に提示しなくてはいけないのは，ブラック企業とは労使関係の問題であって，働き方の集団的な規制ができていないことが問題の根本にあるということです。そこをちゃんとしていかないといけないんじゃないか，その先にこそ自己責任論の克服があるのではないかと考えます。

質問　ブラック企業に対する社会の批判が高まる状況を受けて，現安倍自民党

政権も一定程度対策をしているように思うのですが，何か効果を生み出すに至っているのでしょうか。

橋口　安倍政権のもと，厚生労働省がつくったブラック企業の基準に基づいて労働基準監督署が重点的な調査をするとか，ハローワークが問題のある求人に関するホットラインを実施するなどの動きが見られます。ただ，まだその効果を判定できる状態にはありません。また，過労死防止法の制定も現実味を帯びてきています（インタビュー後に，過労死等防止対策推進法は成立し，2014年11月1日より施行されます）。その一方で，いま政府が進めようとしている労働時間法制や派遣法の規制緩和は，労働条件の悪化につながる可能性が高いです。なので，いいこともしているが，悪いこともしている。せめぎ合いの状態にあると感じています。

質問　おっしゃるように，政権も世論を意識しながらブラック企業対策をしつつ，一方で規制緩和の流れを打ち出してきているわけですよね。規制緩和が起こってくるのはブラック企業対策に逆行する流れと思われますか。

橋口　基本的にそう思います。しかし政府が法律を整備し規制を強化するだけで，労働条件が改善し働きやすくなるかというと，そうではないと考えるべきです。まず規制といっても大きく2つあります。1つは法律なり制度，政策による規制ですね。それは労働基準法とか最低賃金法とか派遣法に明記されているようなもの。そういった規制が緩和されれば賃金が下がったり，首が切られやすくなったりするでしょう。

　もう1つ考えられるのが，実際の職場での働き方を規制するものですね。例えば，誰がどういう働き方をするのか，荷物の重さがどのくらいか，どのくらいの時間で運ばないといけないとか，そういった日々の働き方を規制するもの。そこは基本的に職場の労使関係が規制力になりますが，日本ではこちらの規制が弱いのです。だから仮に政府が労基署の人員を増やしたとしても，労基法に違反する部分しか取り締まれない。もちろん，それだけでも労働条件は改善される可能性が高いのですが，労基法が定めているのは「最低基準」なので，それ以上の改善は労働者自身に委ねられています。作業のつらさや不条理な命令などまでは変えられない。また，セクハラ・パワハラなど民事的要素が強いも

のになると，労基署は手が出ません。だから政府の規制も重要ですが，それで十分ということはないと思います。労働条件の過酷な企業とそうでない企業が明確に区分でき，前者を避ければ大丈夫というわけでもありません。パワハラなんて，変な上司にあたってしまえばどこの会社でもありうることですし，残念ながら，社会的にまともだと思われている企業も弱い立場の人の味方をしないのが現状だと思っておいた方がいいです。

● ブラック企業論の背景と歴史

質問　ブラック企業論が出てきた背景には，どのようなものがあるのでしょうか。

橋口　すでに様々な方が仰っていることですが，日本はそもそも労働契約の内容が曖昧で，仕事の範囲や労働時間，勤務場所などを曖昧にしてきたことが問題の前提にあります。欧米にあるような，終業時間が来たらさっさと帰る，あるいは私はこの仕事しかしないといった感覚や規制が日本では弱いですし，自分が無理をすると他の人も無理をしないといけなくなるから無理はしない，といった労働の負担を増やさないある種の労働者の知恵というものがどんどん衰退していっているのではないでしょうか。

　例えば，コンビニで焼き鳥が商品に加われば焼き方も覚えないといけませんが，「それは最初の契約書に書いていないからやりません」という話にはなかなかならない。今できたてのコーヒーが飲めるようになっていますが，その機械の掃除という仕事が新たに加わっても時給が上がるかというとそうでもない。どんどん丁寧な接客が求められるようになっていて，明らかな労働強化なのに時給に反映されることもないし，それを求めようという発想すら出てこない。負担を嫌って辞める人が続出したら時給が上がるでしょうが，仕事の範囲が曖昧である状態は変わりません。こうした曖昧さはあらゆる職場にあります。これは労働者側の仕事の裁量や判断も広げていて，「やりがい」にもつながっていますが，仕事ができる人，断れない人に，仕事が集中し，結果として過労，過労死につながっている部分があります。ブラック企業の事例として，社長や上司の私的な用事まで業務として行わなければならないといった話を聞きます

が，それも業務の曖昧さ，業務の範囲を守らせる規制の弱さが背景にあると考えられます。

「ブラック企業」という言葉が，システムエンジニアの業界で生まれたといわれているため，新興企業や中小企業の問題，あるいは若者を使い捨てることが問題であると捉えられがちです。しかし根本的な背景には，日本の職場の働き方が規制されていない，職務を限定していない，ということがあるのであり，大企業はもちろん教育現場や行政にも通じる問題として捉えるべきだと思います。

質問 なるほど。今いわれるブラック企業を生み出す構造はずっと以前からあったということですね。しかし，例えば，大量に大卒の若者を雇用して1年で数人しか残らないという雇い方は，比較的最近起こってきているような現象だと思います。一般にそれがブラック企業といわれています。最近出てきているブラック企業，悪質な働かせ方は何かのきっかけで出てきているのでしょうか。

橋口 根本的には，日本企業を取り巻く環境が悪化していることが挙げられます。もちろん「過労死」が社会問題になったのがバブル期だったことを忘れてはいけませんが。次に大卒という問題でいえば，90年代に大学進学率が上昇し，大卒者が増えたことが大きいです。また，増えた大学生を受け入れたのが新設校などの「ノンエリート大学」でしたが，こうした大学は企業との実績関係がなく，就職部，キャリアセンターの機能も弱かった。それ故，それまで高卒で就職していた人々が得られていた学校からのサポートが弱かったでしょうし，企業も大学との継続的な関係などを気にしなくていいのでタガが外れてしまったのではないかということが，先行研究からうかがえます。

それがいつから始まったかといわれると微妙です。私自身は2000年前後に就活をしていましたが，当時，先物取引の業界が採用活動を始めるのが早く，練習として受けてみるといいといわれていました。なぜ練習かというと，きつい営業活動をさせるために多くの新入社員が辞めることを前提に大量採用するからだと。そこで練習をし本番に備えるというようなことがいわれていた記憶があります。その他，某英会話学校も大量の離職を前提に大量採用するといわ

れていましたし,「ブラック企業」という言葉があったかどうか記憶が曖昧なのですが, 似たような話は当時からあったと思います。

質問 大卒者が増加し新設校が増えるなかで, 大学と企業の長期的な信頼関係が崩壊したという側面もある, ということですね。いま大学側はどのような対応をしているのでしょうか。例えば, 就職氷河期に「内定を取り消されたらキャリアセンターに相談してください」という文字が看板に出始めた記憶があります。ブラック企業論以降に大学のキャリア対策の変化はあるのでしょうか。

橋口 大きくいうと, 就職部からキャリアセンターへという変化があります。1990年代後半から始まり, 1999年に改組した立命館が先駆的な例といわれています。単純化していうと, 就職部という, 求人票が貼ってある場所から, キャリアセンターという, より学生に働きかけをして相談にのって, 説明会も充実したやり方をしていった, という変化です。就職氷河期を経た後に, 少子化によって大学も入学者が少なくなり, 大学の就職実績が問われるようになるなかで起こりました。それに対してよくいわれることが, 大学とはそもそも就職実績を競い合うところなのか, ということです。大学というのはどういうところなのかという原則的な話でもあり, またとりあえず学生に内定を取らせることが最優先されているのではないかという警戒感もあります。しかし, 大学にもよりますが, キャリア教育の中で労働法を教えたり, 大学という単位でなくても, 個別の大学教員が労働法やユニオンについて教えたいと考える流れがある。あるいは問題のある企業を大学が把握して, 学生に伝えるという動きもあります。ここの企業は辞めていく卒業生が多い, ぼろぼろになって辞めていくぞ, とか。そのようなことは2000年代前半からいわれていましたが, 卒業生の相談にものりますという大学も増えたり, それぞれ大学に濃淡はあるにせよ, 何かしら取り組みがないことはないと思います。

質問 ブラック企業の事件として, 最近ではワタミの過労自殺の事件が取りざたされました。このような不幸な結果をなくすための有効な方法は何だと思いますか。

橋口 どこまで考えるのかにもよると思うのですが, 大きいところからいうと, 日本の雇用のあり方を大幅に変えないといけません。もうちょっと狭めると,

産業ごと，外食産業とか，ひどい働かせ方が多いところを変えるという方法があるのではないでしょうか。理美容の世界とか，介護とか，業界ごとの特徴があると思うんですよ。基本的に長時間低賃金で働くことがビジネスモデルになっていて，そういうものだと考えてしまっている労働者に依存した企業経営の仕方になっていたりします。それぞれどうしていくのか。外食産業だったら「すかいらーく」は組合が過労死遺族から「労働組合として機能していない」と訴えられました。熊沢誠さんが本に書いているのは，組合のトップが仕事のできる社員だから（その多くが後に経営側になっている），できない社員は自己責任だと思う傾向があると。それらをトータルで考えないといけません。1つは法律でちゃんと守らせるようにする。しかし法律も条文でしかないので，結局は現場で守らせる力が必要ですし，法律で裁けない部分は団体交渉，団体行動によって追求していくと。そして個別労働相談を受けるユニオンに相談することなどを繰り返していくことが重要ではないかと思います。

●就活自殺とメンタルヘルス

質問 ブラック企業という言葉とともに，若者が就活中に自殺する就活自殺という言葉もよく聞かれるようになりました。

橋口 自殺の統計の取り方が変わったので，わかるのはここ5年の変化に限定されますが，就職や進路に関わった自殺が増えています。自殺の原因として一番多いのは，病気に関係する自殺。また債務による自殺も多かったのですが，この間の規制もあって減少傾向にあります。それに代わって就職に関わる自殺が増加しています。私が注目しているのは，男女に偏りがあるという点です。就活自殺は，男性の方が圧倒的に多い。自殺全体にもいえますが，それが就活自殺にも当てはまります。この点をちゃんと分析したものはありませんが，自殺とジェンダーの関係について論じられてきたことを参照すると，男性的なジェンダー意識，つまり自分が一家を支えないといけない，だから正社員にならないといけないという意識を男子大学生が強くもっていて，就活中に「正社員になることが難しい」，「無理かもしれない」と思ったことが就活自殺につながっているのではないかと推測できます。もちろん背景には，この間の就活の

理不尽ともいえる厳しさもあると思います。でもそれだけじゃないです。じゃあ女性が楽かというと，決してそんなことはないですから。

　また自殺予防に取り組むNPOライフリンクの調査によると，就活について相談できる主な相手は親か友達。これは就活以外についてもそうですが。しかし親や友達はプレッシャーを与えてくる相手でもあります。せっかく決めても，「そんなとこだめだ」と言う親もいる。友達も，「ああ，あいつは有名企業に決まったんや」と，「自分は名前を知られていない小さいところや」と比較の対象になる。重要な相談先ではあるが，あることをきっかけに相談できなくなり孤立してしまうということが十分ありうる。これは危険な状態ですよね。だからキャリアセンターなりユニオンなり，第3の相談先を作っておくことは大事だといいたいです。

質問　うつなどのメンタルヘルスの問題についてはどのように思われますか。
橋口　私の分析では，メンタルヘルスの問題は2つの側面があると思っています。1つは労働条件が悪いからメンタルヘルスの問題が起こるという側面，もう1つは，職場の条件は悪いけれど，それが労働問題としては現れずメンタルヘルス，つまり医療の問題として出てくるという側面。いまの政府や企業の対策はメンタルヘルスを医療的にどう解決するか，和らげるかという話に流れています。しかし，その根本にある長時間労働，不条理な上下関係，上司からの命令をどう規制していくのかという話にはなかなか向かわない。治って，ちょっと働ける状態になっても，また似たような職場に戻らなくてはいけなくて，自殺してしまうということが起こっています。そこをどうにかしないといけない。職場とか産業構造の問題が，個人的な心の持ちよう，あるいはメンタルヘルスという医療の問題としてのみ捉えられる傾向があります。それは，しんどくなったときに，「これは職場の問題だ。労働問題なんだ」というふうにいえる回路が身の回りにないからです。そこで，ユニオンに相談すればいいんだということが知られていったらいいなと思います。

●ユニオン運動と社会の未来

質問　職場からはじかれる人が自己を肯定して生きていける仕組みはあるのでしょうか。

橋口　あるとは思いますが，いまの日本では弱いといわざるをえません。根本的にはいかに生活を支えるかということですよね。日本は社会保障が脆弱で，その意味でも自己を支える仕組みが弱いです。仮に生活保護をとれたとしても，まだまだ生活保護に対するイメージは悪いですし，孤立もしてしまいます。経済的な部分だけではなくて，心理的にも人を支える社会の力は弱いと思います。

質問　ユニオンには今後どのような役割や可能性があると考えますか。例えば，ユニオンはブラック企業への規制力になりえるでしょうか。

橋口　現在の労働や生活の底が割れている状態に対して，ユニオンは本当の底なしになることを食い止めてきたし，今後もそれを食い止める力をもっていると思います。諸先輩方のおかげです。ですので，イエスかノーかでいうと，イエスといえます。実際この間，社会問題になった労働問題のほとんどがユニオン経由でした。80年代のパート問題に始まり，過労死，日雇い派遣，ホワイトカラーエグゼンプション，名ばかり管理職などなど。ユニオンが問題にして，マスコミが取り上げ，キャンペーンになって，国が対応するという流れがあります。もちろん弁護士さんやNPO，メディアの役割も忘れてはいけませんが，よく「ユニオンはもぐらたたきだ」ということをユニオンの人も自虐的にいったりもします。しかし，社会問題にすることで労働基準の底割れを防いできたという実績，会社も気にしないといけない状況を生み出してきたという規制力は誇っていいと思います。それはやはりユニオンの力だと思うんです。

質問　最後に，ユニオンについて学生が学ぶ意義はあるでしょうか。

橋口　もちろんあると思います。ただ法律を覚えて使えるようになっても，それは個人のその場しのぎでしかありません。口が立つ人が個人的に得をするだけでしかない。その限界は明らかです。労働法を教えることは重要だけども，やっぱり個人の問題じゃないんだと伝える必要があります。集団的に解決していく問題なんだよ，と。そうでないと，より弱い人がよりひどい目にあい，全体の水準も結局そこに下がっていく。だから労働法だけではなく，労働組合，

特に誰でも相談できて，誰でも加入できるユニオンのことはぜひ知ってほしいです。

また，例えば授業で団体交渉のロールプレイなどをやって，権利の主体である実感をもたせられるような実践的な教育をしていく必要があると思うんですよね。こんな法律あるよ，と伝えるだけで法律を使えるわけではない。自分のものにしないといけません。自分が権利主体なんだという実感がもてないと，いざというとき動けなくなるのではないでしょうか。また，教室の中で実感できても，実際に権利侵害を受けたときに同じ感覚をもてるかどうかはわかりません。特に，労働者の文化や知恵が著しく衰退している日本社会において，その感覚をもち続けたり共有したりすることは難しいでしょう。教える側は，どうせ言ってもムダだろう，しんどい思いをするだけだろうという諦めを受け止め，それを踏まえた授業をする必要がありますが，自分も労働法を教えることがあるので，本当に難しい課題だと感じています。

4 若者と労働運動のこれから

これまで，出前講座の記録と橋口昌治さんのインタビューを紹介してきました。

ブラック企業に吸収される若者の労働問題の背景には，歴史的には曖昧な労働契約を労使間で締結する日本の労使契約の慣行があり，また企業をめぐる環境の悪化，さらに新設校と大卒者の増加によって企業と大学との信頼関係が壊れつつあること，などがあるということが分かってきました。それではどのようにブラック企業を規制すればよいのでしょうか。労働者派遣法や若者たちは過酷な職場とどのように向き合えばよいのでしょうか。

それには，法律による規制だけではなく，法律を実際の職場で守らせる動きが必要です。個別交渉で法律の知識を使って解決を目指すのは大きなリスクがともないます。1人で権利を行使することは容易ではありません。そんなときにユニオンに加入して集団的労使交渉で解決の道を探るという方法があります。ユニオンは労働市場を規制する存在として過去も現在も存在しているので

す。

　神戸国際大学の第1回目の出前授業では，若者の労働者が法律を実現する希望としてのユニオンを紹介しました。第2回目の出前授業では，ユニオンの団体交渉を学生の方々に実際にロールプレイしてもらうことで，経験の水準での理解を深めてもらいました。授業後のコメントカードや授業中の反応からも，大学の授業内での出前授業の取り組みに，私たちも手応えを感じています。これからも試行錯誤を繰り返していこうと思います。

　ところで，私は「ノンエリート」という言葉を初めて聞いたときに，ブラック企業に就職する新設大学などの学生をなるべく否定的に表現しないようにしているのかな，と感じました。この配慮に反して，あえて「ノンエリート」をストレートに言い換えれば，「落ちこぼれ」になるのでしょうか。ちなみに，この文章でもご紹介したユニオン運動に関わる人たちは，低学歴だったり，失業者だったり，障害者だったり，非正規雇用だったり，高学歴ワーキングプアだったり，生活保護受給者だったり，どこかしらで落ちこぼれた人たちの集まりです。

　弱い者が弱い者を叩く社会のなかで，私たち「落ちこぼれ」は，まともな仕事を要求して正規雇用の職を求めると同時に，正規雇用になることを求めさせる社会を底辺から変えていく可能性をもっているのかもしれません。そのような方向性を示すことができる当事者こそが私たちノンエリートであり，「落ちこぼれ」であるのかもしれません。「落ちこぼれ」になったからといって生を損なわれない社会を，自己を肯定できる社会を，ユニオン運動をつうじて展望していけたらと思います。

　　付記：第3節インタビュー部分は橋口昌治さんにテープ起こしした原稿を加筆修正し
　　ていただきました。それ以外の文章は，きょうと労働相談まどぐちの高橋慎一が執筆
　　しました。

第Ⅱ部

大学外部における
キャリア支援の取り組み
「承認」と「参加」の側面

5章 ノンエリート大学生を対象としたキャリア教育の射程
▶生活実態に根差した〈キャリア教育／支援〉に向けて　児島功和

1 はじめに：キャリア教育の布置

●問題の所在

　初等・中等教育だけではなく，大学においてもキャリア教育の必要性を主張する声は大きい。大学改革を推進するための補助金事業としては，「大学生の就業力育成支援事業」，「産業界のニーズに対応した教育改善・充実体制整備事業」が挙げられ，並行するように大学設置基準が改正され，2011年度よりキャリア教育が大学教育の一環として位置づけられるようになった。以後，各大学において科目名称は必ずしも同じではないものの，様々な形でキャリア教育が行われているだけではなく，関連書籍・論文も数多く刊行されている。

　キャリア教育浸透の背景には，1990年代以降の「若年雇用が問題化→日本経済や社会の将来への不安材料→若者をテコ入れする必要性→キャリア教育」という図式がある［児美川，2013：40頁］。不安定化する現代社会を生きぬく力をキャリア教育によって生徒・学生に身につけさせよう，というわけである。しかし，多くの実証研究が明らかにしているように，若年雇用問題の中心といえる高い若年非正規雇用割合は，例えば就業意識の低さのような若者の力不足が「主犯」といえるものではない[1]。そうである以上，まず行うべきは，正規雇用と非正規雇用の様々な格差の是正や就労支援，仮に無業状態となってもその生活を支える社会保障制度の整備であろう[2]。そうした是正策なき，またそうした視野を欠いた状況下でのキャリア教育の推進は，若者の雇用・生活の不安定性という社会（政策）問題を若者個人の力不足の問題として，また学校教育の問題として帰属処理されることを結果として正当化することになりかねない危うさをはらむ。

その内容は多様であるものの，キャリア教育は若者の将来に役立つことをその営為の前提としている。しかしながら，その教育がどういった形で役立つのかはその時どきの労働市場や社会保障政策等の影響を強く受けるため，必ず役立つという「約束」は原理的にできない。仁平［2009］が職業教育について述べた次の箇所は，このことと重ね合わせることができる。「労働市場の状態が供給側にとって良好な場合，遡及的に職業教育の『成功』と判定されるケースは増大し，逆の場合は『失敗』のケースが増大する。この確率分布の変動に，教育が関与できる部分は少ない。」［仁平，2009：186頁］
　こうした認識はキャリア教育を推進する大学，ならびにその関係者に"アイロニカル"な姿勢を要請する。すなわち，キャリア教育にできることの限界を明確に見定めながら，それでもなおキャリア教育にできることを模索する姿勢である。このことを踏まえたうえで，本章では大学のキャリア教育に何ができるのか，何をするべきかを考えたい。教育を適切に行ううえで欠かすことができないのは，対象となる学生がどこで生活し，どのようにして生きていくのかという実態を踏まえることである。本章では「ノンエリート大学生」という視点から考察し，かれらを対象とするキャリア教育を構想したい。本章では「ノンエリート大学生」を便宜的に，私立大学に在籍し，入学難易度でいえば偏差値49以下の若者と定義する。入学難易度による大学生区分が何を見落とすのか，それ自体検討すべき課題であるが，本章では先行研究にならって入学難易度に基づいて分析を進めたい。
　2000年代に入り，大学進学率の上昇にともなって大学生といっても多様になってきており，それに対応する教育的課題とは何かをめぐり議論が蓄積されてきた。その中でも居神・三宅・遠藤ほか［2005］，居神［2010］，三宅・居神・遠藤ほか［2014］による一連の「マージナル大学」研究が重要である。マージナル大学とは，受験者の選抜機能を大きく低下させた「非選抜型大学」というだけでなく，大学の大衆化により学生層がかつてとは大きく異なるようになった状況を把握するための準拠枠組みのことである。それらの研究はマージナル大学の学生層の特徴として，認識と関係の「おくれ」があり，卒業後は「日本型雇用」の「周辺」や「外部」に「排出」される「ノンエリート」であるとす

る。もっとも，このような学生は選抜性の高い大学にもおり，マージナル大学はそうした学生たちを「分厚い層で抱え込んでいる」[居神，2010：29頁] に過ぎないとも指摘する。また，寺崎・植上・藤野 [2014] は，先述した一連の研究や児島 [2011] の議論を踏まえつつ，調査研究を行っている。ノンエリート大学生は大卒学歴に職業資格のような手段性を求めていること，就職において地元志向が強いこと，大学での学習に不安を抱いていること等を明らかにしている。

結果として本章の議論は，それら先行研究の知見の妥当性を確認することになる。しかしながら，先行研究では学習面に焦点をあてており，学生の出身階層を含む背景，そして学外での生活状況や卒業後の初期キャリア状況を総合的に明らかにしているわけではない。本章では，若者が大学に在籍している段階から卒業し働くようになる（もちろん仕事に就いていない若者もいる）初期キャリア段階までを追った詳細な調査――若者の学校から仕事への移行調査――から，このことを明らかにしたい。

●調査概要と基本構成

本章で依拠するのは，筆者の参加する「若者の教育とキャリア形成に関する研究会」が2007年4月1日現在20歳の全国の若者を対象とし2007年から2011年にかけて毎年1回行ったパネル調査（Youth Cohort Study of Japan）のデータである。第1回調査対象者数（有効回収数）は1687名，第5回は891名となっている。2012年には補足的に，第1回目から5回目まで継続して回答した対象者の一部にインタビュー調査も行った。[3]

本調査を実施するにあたって，1990年代以降の若者の学校から仕事への不安定化・複雑化する移行実態を把握するために，多くの公的調査のように一時点を切り取ったものではなく，数年間であっても若者を継続的に追いかけることが必要との判断があった。[4]

本章では第5回目調査まで継続することのできた若者のうち，2007年第1回目調査時に私立大学生だった若者を対象とし，その大学生活を明らかにするとともに，そのほとんどが大学を卒業し働くようになった2011年第5回目の

図表5-1　学年構成　(%)

	1学年	2学年	3学年	合計(N)
私立上位	3.3	19.8	76.9	121
私立下位	5.9	6.9	87.3	102
全体	4.5	13.9	81.6	223

図表5-2　学部学科構成　(%)

	理工	農業	社会科学系	社会福祉系	人文科学系	教育	生活科学	保健	芸術	その他	合計(N)
私立上位	12.1	0.8	41.1	3.2	25.8	0.0	5.6	6.5	1.6	3.2	124
私立下位	12.4	0.0	35.2	10.5	15.2	2.9	3.8	6.7	6.7	6.7	105
全体	12.2	0.4	38.4	6.6	21.0	1.3	4.8	6.6	3.9	4.8	229

就業状況を中心的にみていきたい。

　大学生は「私立上位（偏差値50以上）」，「私立下位（偏差値49以下）」で二分類し，先述したように「私立下位」学生をノンエリート大学生と便宜的にみなすこととした[5]。私立大学を対象としたのは，大衆化の受け皿になっていると思われるのが理由である。以下，その基本構成となる（第1回調査時点）。

　私立下位は3年生が多い（図表5-1）。私立上位には2年生以下が2割程度いるが，それは浪人を経て大学進学した者が一定数いることを示していると思われる。学部学科構成では，私立下位は人文科学系の割合の低さが特徴的といえる（図表5-2）。「文系」として括ることのできる社会科学系もあわせてみると，私立上位との割合の違いが際立つ。私立下位は社会福祉系，教育，保健といった「専門職系」割合，ならびに芸術やその他の割合も高くなっている。

　以下，第2節ではノンエリート大学生がどのような背景をもち，大学でどのように学んでいるのかについて明らかにする。第3節では，大学を離れた後に参入した職業世界でかれらがどのように働いているのかを概観する。第4節では，大学生活やその後の初期キャリアにおける基盤となっている生活空間のあり方について明らかにする。第5節では，それまでの内容をまとめると同時に，ノンエリート大学生を対象とするキャリア教育の課題について述べたい。

2 ノンエリート大学生の背景と学び

●背　景

　父の学歴，父の職種から出身階層をみると，私立下位では上位（大卒・大学院卒）の割合が顕著に低いことがわかる（図表5-3）。父の職種では，ホワイトカラー割合が約20ポイント低く，ブルーカラー割合は約10ポイント高い（図表5-4）。以上のことから浮かび上がるのは，私立下位の大学に通う学生の出身階層の相対的低さであると同時に，父の学歴，職種だけをみても，多様な背景をもつ学生がいるということである。

　図表5-5から図表5-7まででみえてくる私立下位学生の特性としては，私立上位と比べて学力が低いこと，出身高校の専門学科出身割合が高いこと，である。私立下位学生は先行研究においても学力の低さが強調される傾向にあったが，その背景の多様性もまたかれらの特性といえよう。また，図表5-8の高校時代に「学業に対してまじめにとりくんでいた」のかを問う質問では，私立下位と上位の数値はほとんど変わらない。すなわち，私立下位学生は勉強を苦手とする学生が多いものの，高校時代それなりにまじめに勉強に取り組んでいたことがうかがわれる。

図表5-3　父の学歴　　　　（％）

	上位	中位	下位	合計(N)
私立上位	70.6	5.0	24.4	119
私立下位	48.0	18.0	34.0	100
全体	60.3	11.0	28.8	219

注：学歴上位は大学・大学院，中位は専門・短大・高専，下位は中学・高校

図表5-4　父の職種　　　　（％）

	ホワイトカラー	グレーカラー	ブルーカラー	自営	合計(N)
私立上位	75.4	7.9	10.5	6.1	114
私立下位	56.8	10.2	19.3	13.6	88
全体	60.3	11.0	28.8	9.4	202

注：ホワイトカラーは管理的・専門的・技術的職業，グレーカラーは販売的・サービス的職業，ブルーカラーは技能的職業・保安的職業・生産工程・運輸従事者

図表5-5　中学3年時の成績　（％）

	上位	中位	下位	合計(N)
私立上位	68.5	26.6	4.8	124
私立下位	40.0	43.8	16.2	105
全体	55.5	34.5	10.0	229

注：成績上位は「上の方」「やや上の方」の合計，中位は「真ん中のあたり」，下位は「やや下の方」「下の方」の合計

図表5-6　出身高校の学科　　　　　　　　　　　　　　　　　　（％）

	普通科・理数科	工業に関する学科	商業に関する学科	総合学科	農業に関する学科	家庭・家政に関する学科	その他	合計（N）
私立上位	95.1	0.8	2.5	1.6	0.0	0.0	0.0	122
私立下位	80.2	4.7	4.7	3.8	2.8	0.9	2.8	106
全体	88.2	2.6	3.5	2.6	1.3	0.4	1.3	228

図表5-7　出身高校のクラスの高等教育進学希望者割合　（％）

	7割以上	4～6割	3割以下	合計（N）
私立上位	68.5	26.6	4.8	124
私立下位	40.0	43.8	16.2	105
全体	55.5	34.5	10.0	229

注：高等教育は大学，短大，高専

図表5-8　高校在学時の学業勤勉度　（％）

	あてはまる	あてはまらない	合計（N）
私立上位	82.9	17.1	123
私立下位	84.9	15.1	106
全体	83.8	16.2	229

注：あてはまるは「とてもあてはまる」「ややあてはまる」の合計，あてはまらないは「あまりあてはまらない」「まったくあてはまらない」の合計

● 学習への意味づけ

　それでは，学習への意味づけはどうであろうか。文系に絞ってみてみよう（図表5-9）。ここでの文系とは，人文科学系（文学・外国語・哲学・歴史学・心理学等）と社会科学系（経済学・経営学・商学・法学・政治学・社会学等）のことである。文系は日本の大学の学部構成において最大割合を占めており，多くの若者の進学先となっている。そのため，文系の学習状況を明らかにすることは，大衆化状況における大学での学習の意味を問うことにつながると考えるためである。

　学習態度については，出席状況では約9割，学業に対するまじめさでは約8割の肯定率となっており，私立上位，私立下位ともに決して悪くはない。むしろ，非常に高い値となっている。しかしながら，こうした学業態度のよさが自発的なものなのか，大学側が"強制"した結果なのか，あるいはそれ以外なのかは定かではない。

　学習への意味づけでまず驚くのは，同じ文系であっても入学難易度によって状況が大きく異なるということである。そしてまたここからは，文系大学生の半数以下が大学での学習から自信を得ていないことがわかる。

　私立上位と私立下位のそれぞれ特徴的な個所は，私立上位では「社会生活に

図表 5-9　文系学生の学習態度と学習への意味づけ　　　　(%)

		私立上位	私立下位
学習態度	授業にきちんと出席している	85.5	90.7
	学業に対してまじめにとりくんでいる	80.7	79.2
学習への意味づけ	自分の進路について深く考える機会が得られる	79.5	79.6
	自分自身がつきたい職業について学べる	50.6	69.8
	進路に関する指導や支援が充実している	80.7	77.4
	社会生活を送る上で必要な知識等が学べる	45.8	62.3
	社会生活には役立たないが興味深い内容を学べる	75.9	64.8
	将来高い収入や地位を得る上で役立ちそうだ	36.6	24.1
	自信が得られる	43.4	45.3

注：学習態度の質問についての数値は、「とてもあてはまる」「ややあてはまる」の合計、学習への意味づけについては「とてもそう感じる」「少しそう感じる」の合計

は役立たないが興味深い内容を学べる」「将来高い収入や地位を得る上で役立ちそうだ」が私立下位よりもおよそ10ポイント以上高く、私立下位では「自分自身がつきたい職業について学べる」「社会生活を送る上で必要な知識等が学べる」が20ポイント近く高いところである。同じ文系でも、大学での学習から引き取る意味合いが入学難易度によって大きく異なることがわかる。

　私立上位大学生が将来高い収入や地位を得るだろうと考えていることについては、在籍大学の入学難易度の高さから「よき（知名度も威信もある）大学→よき（規模の大きな有名）企業」というキャリアを自分は歩むことができるだろうという予期が反映しているのではないだろうか。他方、かれらは実用性から距離をとることが可能であり、そのことが教養項目――「社会生活には役立たないが興味深い内容を学べる」――の肯定率の高さにつながっているのではないだろうか。前項で私立上位学生は出身階層が高いことを示したが、出身階層と結びつくかれらの諸資源（経済資本・文化資本等）の豊富さは、大学での学習が"幅をもつもの"となるよう下支えしていると思われる。

　私立下位学生は私立上位学生と比較したとき、大学での学習に職業生活・社会生活と結びついた意味を見出している。背景にあるのは、勉強が苦手な学生も多く、抽象的ではなく具体的な授業目的・内容をかれらが志向していること、

図表5-10 文系私立上位の学習に関する相関係数

		自分の進路について深く考える機会が得られる	自分自身がつきたい職業について学べる	社会生活を送る上で必要な知識等が学べる	社会生活には役立たないが興味深い内容を学べる	将来高い収入や地位を得る上で役立ちそうだ	自信が得られる
自分の進路について深く考える機会が得られる	相関係数	1.000	.321**	.211	.083	.197	.308**
自分自身がつきたい職業について学べる	相関係数	.321**	1.000	-.015	-.058	.211	.363**
社会生活を送る上で必要な知識等が学べる	相関係数	.211	-.015	1.000	.099	.221*	.269*
社会生活には役立たないが興味深い内容を学べる	相関係数	.083	-.058	.099	1.000	-.001	.119
将来高い収入や地位を得る上で役立ちそうだ	相関係数	.197	.211	.221*	-.001	1.000	.499**
自信が得られる	相関係数	.308**	.363**	.269*	.119	.499**	1.000

** $p<0.01$, * $p<0.05$

図表5-11 文系私立下位の学習に関する相関係数

		自分の進路について深く考える機会が得られる	自分自身がつきたい職業について学べる	社会生活を送る上で必要な知識等が学べる	社会生活には役立たないが興味深い内容を学べる	将来高い収入や地位を得る上で役立ちそうだ	自信が得られる
自分の進路について深く考える機会が得られる	相関係数	1.000	.603**	.441**	.238	.257	.523**
自分自身がつきたい職業について学べる	相関係数	.603**	1.000	.509**	.249	.379**	.694**
社会生活を送る上で必要な知識等が学べる	相関係数	.441**	.509**	1.000	.176	.436**	.604**
社会生活には役立たないが興味深い内容を学べる	相関係数	.238	.249	.176	1.000	-.173	.207
将来高い収入や地位を得る上で役立ちそうだ	相関係数	.257	.379**	.436**	-.173	1.000	.531**
自信が得られる	相関係数	.523**	.694**	.604**	.207	.531**	1.000

** $p<0.01$

それに対応するように大学側が可能な限り学生の学力や背景，志向に沿うようにカリキュラムや各授業を構成しているからと考えられる。カナダの若者研究において，出身階層の低い大学生は実学的なコースを選択し，その点で大学を仕事に就くための手段とみなす傾向が強いとの知見が出されているが，日本においてもこのことが該当するのではないだろうか。

それでは，次に私立上位と私立下位それぞれの「自信を得られる」に着目し，他の項目との関係の強さを検証するため，スピアマンの順位相関係数を求めた（図表5-10，図表5-11）。なお，「進路に関する支援や指導が充実している」は大学の設備や支援体制とも深く関わっていることが想定され，「自信を得られる」との関係において解釈が困難であるため，分析から除外した。

私立上位の「自信を得られる」と正の相関関係が認められるのは，相関係数の高い順に3つ選ぶと「将来高い収入や地位を得る上で役立ちそうだ」，「自分自身がつきたい職業について学べる」，「自分の進路について深く考える機会が得られる」である。私立下位で正の相関が得られたのは，「自分自身がつきたい職業について学べる」，「社会生活を送る上で必要な知識等が学べる」，「将来高い地位や収入を得る上で役立ちそうだ」となっている。興味深いのは，文系の特徴ともいえるであろう「社会生活には役立たないが興味深い内容を学べる」が私立上位，私立下位ともに自信には結びついていないということである。同じ文系とはいえ，私立上位学生では将来の高い収入や地位，私立下位学生では職業について学べると感じていることが自信と最も高い相関関係にあり，それぞれの学生の志向と教育の違いが明確にわかる。

●小　括

本節では，私立下位学生の背景と学習状況を概観した。かれらの出身階層は相対的に低く，勉強も決して得意ではないものの，ふまじめというわけではない。教職員にどう映っているのかはともかく，かれらなりにまじめに取り組んでいる姿が浮かぶ。また，文系学生であっても，私立下位学生は大学での学習から実用的な意味を受けとっていた。大学はかれらにとって生活実感を伴う職業・社会生活と結びついたものとして位置づけられ，それを学んでいるという

実感が自信にも結びついていた。

3 ノンエリート大学生の職業世界

　先行研究によれば，ノンエリート大学生は「日本型雇用」の「周辺」や「外部」に「排出」されるという。ノンエリート大学生は卒業後に非正規雇用として働き，時には無業状態に陥る割合が高く，安定した雇用を支えに先を見通せる仕事をしていないということであろう。

　本節では，ノンエリート大学生が大学を離れた後，どのような職業世界をわたっているのかを検証したい。ここでは，第5回（2011年）調査のデータを参照する。第5回目調査時点は2007年当時大学生だった若者のほとんどが卒業し，「労働者」として日々の生活を送っている。なお，2007年調査時は大学生であったものの，その後中退等でキャリアを変更した者も若干名含まれていることに留意されたい。

●就業形態

　2007年に大学生だった若者のうち「働いている」と回答した者の約8割が正社員・正職員となっている（図表5-12）。図表では示さないが，2007年に専門学校生（多くが医療系）だった若者のうちおよそ7割が正社員・正職員となっ

図表5-12　就業形態　　　　　　　　　　　　　（％）

	私立上位	私立下位	全体
正社員・正職員	85.5	73.0	79.9
臨時雇用・パート・アルバイト	8.2	13.5	10.6
登録型の派遣社員・日雇型の派遣社員	0.0	2.2	1.0
常用雇用型の派遣社員	1.8	1.1	1.5
契約社員・嘱託	4.5	7.9	6.0
自営業主・自由業者	0.0	1.1	0.5
家族従業者	0.0	1.1	0.5
合計（N）	110	89	199

ており，学部・学科や学校を離れてからの経過年数による違いは考慮に入れなければならないものの，相対的に大学を出ることは安定した雇用に結びつくといえる。

他方，入学難易度別にみると，私立上位の正社員・正職員割合は約86％，私立下位は73％となっており，13ポイントも離れている。私立下位の非正規雇用割合は約25％に達しており，不安定な職業生活を送っていることがわかる。濱中［2013］は，大学の大衆化は大卒の経済的効用を低下させると一般的には思われているが，そうではないことを実証的に明らかにしている。むしろ大学が「標準学歴化」することで，中卒や高卒，専門卒等の価値を低下させているという。大学とそれ以外の学歴という比較をしたとき，大卒の優位性は維持されている。だが，大卒の内部での雇用の安定性をめぐる格差は拡大しているのではないだろうか。

● 職場環境と働き方

次に，従業員数をみてみよう（図表5-13）。私立下位では「99人以下」の規模の小さな会社に3割ほど在籍しているのに対し，私立上位では1割ほどである。対して，「1000人以上」の規模の大きな会社では，私立上位は約4割であるのに対し，私立下位は3割を切っている。私立下位学生にとって大学を離れてのち，小規模の会社で働くことは現実感のある進路になっているといえよう。

図表5-14の業種×職種構成をみると[7]，私立上位で最大割合となっているのは，「卸・小売・飲食・宿泊・金融・不動産・マスコミ・通信・教育・福祉・行政・その他×中位職種（事務職）」である。私立下位では，「卸・小売・飲食・宿泊・金融・不動産・マスコミ・通信・教育・福祉・行政・その他×下位職種（販売・サービス・技能・保安・生産工・自営）」となっている。私立上位の多くの学生は事務職として働き，私立下位学生は例えば飲食店の店員となり，あるいは「ブルーワーカー」として働いているということである。ここでの「下位職種」は，かつてであれば中卒・高卒が就いていた仕事と思われるが，大学の大衆化とともに大学生，特に私立下位学生がこうした業種に参入しているのではないか。

図表5-13 従業員数 (%)

	私立上位	私立下位	全体
99人以下	10.9	29.6	19.2
100～999人	37.6	34.6	36.3
1000人以上	42.6	28.4	36.3
官公庁	8.9	7.4	8.2
合計（N）	101	81	182

図表5-14 業種×職種 (%)

	私立上位	私立下位	全体
建設・製造・運輸・エネルギー×上位職種（管理・専門・技術）	6.9	3.8	5.5
建設・製造・運輸・エネルギー×中位職種（事務職）	10.9	2.5	7.2
建設・製造・運輸・エネルギー×下位職種（販売・サービス・技能・保安・生産工・自営）	4.0	7.5	5.5
卸・小売・飲食・宿泊・金融・不動産・マスコミ・通信・教育・福祉・行政・その他×上位職種（管理・専門・技術）	17.8	26.3	21.5
卸・小売・飲食・宿泊・金融・不動産・マスコミ・通信・教育・福祉・行政・その他×中位職種（事務職）	35.6	13.8	26.0
卸・小売・飲食・宿泊・金融・不動産・マスコミ・通信・教育・福祉・行政・その他×下位職種（販売・サービス・技能・保安・生産工・自営）	23.8	46.3	33.7
農林魚・鉱業×中位職種（事務職）	1.0	0.0	0.6
農林魚・鉱業×下位職種（販売・サービス・技能・保安・生産工・自営）	0.0	0.0	0.0
合計（N）	101	80	181

図表5-15 就業時間（週あたり）×収入（月収） (%)

	私立上位	私立下位	全体
短（45時間未満）時間×低（20万未満）収入	18.8	32.4	24.8
短（45時間未満）時間×高（20万以上）収入	18.8	13.2	16.3
長（45時間以上）時間×低（20万未満）収入	12.9	22.1	17.0
長（45時間以上）時間×高（20万以上）収入	49.4	32.4	41.8
合計（N）	85	68	153

図表5-16 労働状況と健康 (%)

	私立上位	私立下位
残業や休日出勤等，時間外の労働	78.2	72.7
深夜勤務	22.7	30.7
仕事を家に持ち帰ること	19.1	23.9
仕事による疲労・体調不良・睡眠不足など	62.7	62.1

注：数値は，「よくあった」「少しあった」の合計

図表5-17 転職経験と転職回数 (%)

		私立上位	私立下位
転職経験		15.6	29.5
転職回数	1回	64.7	54.2
	2回以上	35.3	45.8

注：転職経験の数値は「あり」と回答した割合

次に，就業時間と収入との関係をみてみよう（図表5-15）。全体として週に45時間以上働いている者がおよそ6割もいる。長時間労働による過労死が社会問題化しているが［森岡編，2012］，大学を離れて間もない若者にとってもこうした問題が無関係ではないことがわかる。入学難易度別には，構成が大きく異なっている。私立上位は，半数の若者が高収入であるものの長時間働いている。私立下位では，労働時間は相対的に短いものの低収入の者が3割ほどいる。最も「割に合わない」と思われる「長時間×低収入」では，私立下位はおよそ2割おり，私立上位と10ポイント近い差がある。

　続いて，図表5-16から浮かび上がるのは，厳しい労働状況である。入学難易度による違いは大きなものではない。例えば，「残業や休日出勤等，時間外の労働」については7割から8割が該当しており，「深夜勤務」に至っては私立下位で3割に及んでいる。「仕事による疲労・体調不良・睡眠不足など」仕事による健康面の不調を訴えるものも双方ともおよそ6割に達している。

　最後に，転職経験について触れておきたい（図表5-17）。私立上位では2割以下にも関わらず，私立下位ではおよそ3割となっている。転職を経験した者を対象に転職した回数を尋ねた質問では，私立下位は「2回以上」と答えた割合が4割強となっている。厚生労働省の実施している調査によると，学校を卒業し就職した者（新規学卒者）のうち3年以内に辞める割合は中卒が7割前後，高卒が5割前後，大卒が3割前後とされ，景気変動の影響等を受けながらも同じような割合で推移している［厚生労働省，2014年9月16日アクセス］。本調査のデータからは，離職・転職は同じ大卒であっても入学難易度によって大きく異なり，私立下位ではより不安定な職業的移行をしていることがはっきりと示されている。

● 小　　括

　本節では，ノンエリート大学生の初期キャリアの実態を明らかにしてきた。先行研究によれば，かれらは「日本型雇用」の「周辺」や「外部」に「排出」されるとされる。私立下位学生だった若者が私立上位学生よりも非正規雇用に就きやすいという意味では，まさにそのとおりである。しかし，それだけでは

十分ではない。かれらは小さな会社で働く割合が高く，販売・サービス業や生産工程等の現場で働く者も多く，転職経験のある者も多い。大学に進学したというだけでは，安定した職業生活を送るための"パスポート"たりえないのである。もっとも，私立下位であっても上位であっても，多くの者が時間外労働をし，健康面の不安を訴えていることは，厳しい労働環境が大学を出た若者にも広がっていることを示している。

4 ノンエリート大学生の人間関係と生活空間

第2節と第3節ではノンエリート大学生の大学での学習状況，大学を離れた後の初期キャリア状況について明らかにしてきた。本節では，かれらの人間関係と生活空間について考察していきたい。なぜ人間関係と生活空間を問う必要があるのか。それは，大学での授業での学習も職場での労働も，それぞれ特定の生活文脈に埋め込まれたものだからである。どこでどのように学び，働くのかは，そこがどこであるのかによって意味が大きく変わる。本章の課題は，ノンエリート大学生の実態からキャリア教育の課題を探ることである以上，人間関係と生活空間把握を避けて通ることはできない。

●学内の人間関係

人間関係は人が生きていくうえでの基盤でもあり，またどこの誰とどのような関係を結んでいるのかを把握することは，生活状況を浮き彫りにするうえでもきわめて重要である。まずは，第1回調査時における大学内の人間関係について触れておきたい。

図表5-18 学内の人間関係 (％)

	私立上位	私立下位
居心地がよく安心できる人間関係が得られる	81.3	82.1
刺激を与えてくれる人間関係が得られる	78.9	72.6
長く付き合っていけそうな人間関係が得られる	80.5	80.2

注：数値は「とてもそう感じる」「少しそう感じる」の合計

図表5-18からみえてくるのは，私立上位学生，私立下位学生ともに7割から8割が情緒を共有でき安心できる人間関係を得ていると感じているということであり，かれらがおおむね人間関係に満足しているということである。「刺激を与えてくれる人間関係が得られる」は私立上位78.9％，私立下位72.6％と若干のポイント差があるものの，いずれにしても高い肯定率となっている。しかし，大学での人間関係の位置づけ，場としての位置づけは，それ以外の関係との布置において決定されることから，次は大学外の状況をみてみたい。

◉生活空間としての地域

　図表5-19から図表5-22は，「遊びなどで一緒に過ごすことが多い人」，「いっしょにいると居心地がよく安心できる人」，「今の仕事や学校生活，また将来のことについてよく語り合う人」，「困ったときに，必要なアドバイスや情報を提供してくれる人」の質問項目に「いる」と回答した第1回調査時大学生に，その中で該当するのは誰か，あてはまる人をすべて選んでもらったものである。図表内のアミカケ強調箇所は，私立上位と私立下位で10ポイント以上の差があった項目である。

　まず目を引くのは，大学生にとっての「親・保護者」の存在の大きさである。「遊びなどで一緒に過ごすことが多い人」以外では，ほぼ半数以上の学生が該当するとしている。中高生を対象とした調査で悩み事を相談する相手として親（母親）と回答する割合が増加傾向にあるとの結果が示されているが［NHK放送文化研究所編，2013］，大学生においても同様の傾向があるのではないだろうか。

　入学難易度による違いをみると，すべての項目で「恋人」と回答する割合が私立上位の方が高いことは興味深い。しかしながら，それ以上に，私立上位学生とは異なり，私立下位学生にとって「今通っている学校の友だち」（＝大学の友だち）以外の学校段階でできた友だちの存在感が非常に大きいということに着目したい。特に「小中学校で知り合った友だち」の項目の割合の違いは大きい。「いっしょにいると居心地がよく安心できる人」では，現在通っている私立下位大学での友だちよりも小中高時代の友だちの値の方がわずかではあるが

図表 5-19　遊びなどでいっしょに過ごすことが多い人 (%)

	私立上位	私立下位
① 親・保護者	26.4	23.2
② 配偶者	0.8	0.0
③ きょうだい	20.7	35.4
④ ①～③以外の家族・親戚	3.3	3.0
⑤ 恋人	31.4	19.2
⑥ 今通っている学校の友だち	82.6	75.8
⑦ 小中学校で知り合った友だち	42.1	62.2
⑧ ⑥～⑦以外の学校で知り合った友だち	44.6	49.5
⑨ 学校の先生・職員・相談員	0.0	3.0
⑩ ネット上の友だち	1.7	5.1
⑪ 趣味・同好の仲間	16.5	15.2
⑫ 職場・アルバイト先の友だち・同僚・先輩	30.6	32.7
⑬ 職場・アルバイト先の上司	5.0	5.1
⑭ 地域の知り合い	4.1	6.1
⑮ カウンセラー等の専門家や公的な支援機関	0.0	0.0
⑯ その他	0.8	3.0

図表 5-20　いっしょにいると居心地がよく安心できる人 (%)

	私立上位	私立下位
① 親・保護者	60.3	51.6
② 配偶者	0.9	1.1
③ きょうだい	40.5	40.2
④ ①～③以外の家族・親戚	9.5	5.4
⑤ 恋人	30.2	18.7
⑥ 今通っている学校の友だち	63.8	56.0
⑦ 小中学校で知り合った友だち	42.2	56.5
⑧ ⑥～⑦以外の学校で知り合った友だち	41.4	43.5
⑨ 学校の先生・職員・相談員	3.4	3.3
⑩ ネット上の友だち	0.9	4.3
⑪ 趣味・同好の仲間	9.5	12.0
⑫ 職場・アルバイト先の友だち・同僚・先輩	25.0	13.0
⑬ 職場・アルバイト先の上司	4.3	1.1
⑭ 地域の知り合い	3.4	1.1
⑮ カウンセラー等の専門家や公的な支援機関	0.0	0.0
⑯ その他	0.9	2.2

図表 5-21　今の仕事や学校生活，また将来のことについてよく語り合う人 (%)

	私立上位	私立下位
① 親・保護者	49.1	46.8
② 配偶者	0.9	0.0
③ きょうだい	14.9	18.1
④ ①～③以外の家族・親戚	4.4	0.0
⑤ 恋人	22.8	17.9
⑥ 今通っている学校の友だち	77.2	71.3
⑦ 小中学校で知り合った友だち	26.3	29.8
⑧ ⑥～⑦以外の学校で知り合った友だち	28.1	29.8
⑨ 学校の先生・職員・相談員	6.1	11.6
⑩ ネット上の友だち	0.0	2.1
⑪ 趣味・同好の仲間	7.0	4.2
⑫ 職場・アルバイト先の友だち・同僚・先輩	20.2	10.5
⑬ 職場・アルバイト先の上司	6.1	2.1
⑭ 地域の知り合い	1.8	3.2
⑮ カウンセラー等の専門家や公的な支援機関	0.0	0.0
⑯ その他	0.9	2.1

図表 5-22　困ったときに，必要なアドバイスや情報を提供してくれる人 (%)

	私立上位	私立下位
① 親・保護者	64.2	64.4
② 配偶者	0.9	0.0
③ きょうだい	21.1	25.3
④ ①～③以外の家族・親戚	2.8	3.3
⑤ 恋人	24.8	18.7
⑥ 今通っている学校の友だち	67.9	55.6
⑦ 小中学校で知り合った友だち	24.8	37.8
⑧ ⑥～⑦以外の学校で知り合った友だち	30.3	31.1
⑨ 学校の先生・職員・相談員	16.5	24.4
⑩ ネット上の友だち	1.8	2.2
⑪ 趣味・同好の仲間	7.3	6.6
⑫ 職場・アルバイト先の友だち・同僚・先輩	22.9	14.3
⑬ 職場・アルバイト先の上司	2.8	2.2
⑭ 地域の知り合い	0.9	4.4
⑮ カウンセラー等の専門家や公的な支援機関	1.8	0.0
⑯ その他	1.8	2.2

高くなっている。「遊びなどで一緒に過ごすことが多い人」では，「いる」と回答した私立下位学生のうちおよそ6割が該当するとしている。すなわち，かれらは小学校，中学校を卒業してかなりの月日が経ってもなお，そこでできた友だちと"つるんでいる"日常があるということである。

図表5-23 中学卒業後から24歳までの地域移動
(%)

	私立上位	私立下位	全体
大都市定住	61.2	44.7	53.6
非大都市定住	10.7	34.0	21.4
移動経験あり	28.1	21.4	25.0
合計 (N)	121	102	224

注：大都市定住は「3大都市圏定住型」，非大都市定住は「非3大都市圏定住型」，移動経験ありは「3大都市圏対流型」「非3大都市圏対流型」「3大都市圏移動型」「非3大都市圏移動型」「3大都市圏Uターン型」「非3大都市Uターン型」「非3大都市移動型」「海外」の合計

前項を踏まえるならば，私立下位学生は大学ではある程度の人間関係を築き，それにだいたい満足している。だが，それまでの学校段階でできた友だちとの関係も継続しており，それらを大切なものと考えている，ということになる。続いて，大学在学時だけではなく，より長い期間のかれらの人間関係の動態をみてみよう。

図表5-23で用いた「大都市定住」「非大都市定住」「移動経験あり」のもとになった変数の説明をしておきたい。三大都市圏とは首都圏（東京，神奈川，千葉，埼玉），中京圏（愛知），京阪神圏（京都，大阪，兵庫）のことである。「三大都市圏定住型」は，「中学校卒業後，24歳まで三大都市圏内の同一地域に定住」のことを示し，「非三大都市圏定住型」は，「中学校卒業後，24歳まで非三大都市圏内の同一地域に定住」のことである。それ以外については，中学卒業時点から24歳までに何らかの地域移動をしたことを示している［片山，2014］。

図表5-23からみえてくるのは，全体として大都市（三大都市圏）定住割合が高いということである。これは，そもそも大都市に人口が集中しているだけではなく，大学が大都市に集中していることを表していよう。しかし，入学難易度別にみると，私立上位と私立下位ではその様子は大きく異なる。私立上位の若者の「大都市定住」割合は約6割であるのに対し，私立下位では約4割にとどまる。「非大都市定住」では，私立上位の若者はおよそ1割であるが，私立下位では3割に達する。

すなわち，私立上位の大学に通う若者の多くが中学卒業時から初期キャリアまでずっと大都市におり，私立下位の若者は大都市にいる者も少なくないが，非大都市にとどまり続けている者も多くいる，ということである。私立下位の若者の特徴は，「地方」を「地元」としてキャリア形成を行っているということになる。

●小　　括

　本節では，生活空間のあり方を明らかにしてきた。私立下位学生は大学での人間関係におおむね満足している。しかし，それがかれらにとってどのような位置づけにあるのかを探るため，大学外の関係に目を向けてみたところ，私立上位学生よりも大学以外の学校段階（特に小学校・中学校）でできた友だちとの関係を維持し，その友だちを大切なものとして位置づけていることがわかった。地域移動という点からは，私立下位学生は「地方」を「地元」とする地域社会で学び，そこで仕事に就き，働き続ける傾向にあった。

5 おわりに：生活実態に根差した〈キャリア教育／支援〉

　本章の課題は，ノンエリート大学生の実態から，かれらを対象としたキャリア教育の課題を探ることにあった。

　ノンエリート大学生の特徴は次のようなものである。父の学歴や職種を出身階層の指標とみなすと，かれらは私立上位学生と比べると低い階層の生まれとなる。そして，中学3年時の成績からは勉強が決して得意ではないことが示唆されるものの，ふまじめというわけではなく，高校時代も大学進学後もかれらなりにまじめにやっていると感じている。ノンエリート大学生にとって学習のうえで「自信を得られる」と正の相関関係があるのは，私立上位学生とは異なり，何よりも「自分自身がつきたい職業について学べる」であり，かれらにとって職業のような実用的なものこそが大学での学習の意味として感じられていた。初期キャリア状況に目を向けると，私立上位と比較して，非正規雇用に就く割合が高く，小さな会社で働いており，販売員として働き，あるいは工場等

で「ブルーワーカー」として働く者も多い。また，転職経験も相対的に多く，離職や転職が職業生活にとって"自分にも起こりうる"現実としてかれらの周りにはある。最後に，ノンエリート大学生は小学校や中学校の人間関係を継続し，重要なものと位置づけていることが多く，また「地方」を「地元」とする割合も高く，そこで学び，育ち，働き続けていることが明らかとなった。

　そんなノンエリート大学生を対象としたとき，どのようなキャリア教育が必要であろうか。まず，向きあうべき実態として，かれらは非正規雇用として働いている割合が私立上位と比較すると高いということである。第3節の図表5－12によると，就業者の約25％，4人に1人となっている。若年雇用問題の中心が非正規雇用であり，「フリーター」として生活していくことがいかに困難であるかは，多くの先行研究によって示されてきた[8]。そして，キャリア教育はまずもって学生の就業意欲を"焚きつける"ことで「フリーター」にさせない教育として位置づけられてきた［児美川，2007］。しかしながら，第1節で述べたように，正規雇用と非正規雇用の割合やそれぞれの働き方は，基本的にはその時どきの政策に左右される。キャリア教育だけで学生を「フリーター」にしないことはできない。そうであるならば，「フリーター」をありうる進路として見据えたキャリア教育を行うべきであろう。学生が非正規雇用労働者として生活していくこと，時には無業者となりうることを想定したとき，必要なのは，社会サービスや社会保障制度に関する知識である[9]。例えば，失業したときにどのような制度を利用しうるのか，また制度利用のためにはどこに行って誰に相談すればよいのかを知っているということが重要である。当然のことながら，誰であっても安心して暮らしていくために，こうした制度自体の知識と制度利用に関する知識があった方がよい。そして大学生，とりわけ不安定な生活を送る可能性が高いノンエリート大学生にとっては欠かすことができないはずだ。

　また，「地方」を「地元」とし，そこで小学校や中学校でできた友だちと大学進学後も親密な関係を結び続けているかれらにとって，大学生活は重要ではあるものの，私立上位学生と比べるとその一部に過ぎないともいえる。このことはノンエリート大学生にとっての大学の存在感の低さといえるかもしれない

が，他方でそれはノンエリート大学生がその地域社会に根差しているということもできる。そうであれば，このことは，かれらへのキャリア教育を地域実態に即した形で行うことができ，また行う必要が出てくるということを示唆している。そのように考えていくと，地域において就労支援を行っている団体やコミュニティ・ユニオン等との連携がきわめて重要となるはずだ。また，法的トラブルを抱えたとき，どこに相談をすればよいのかという知識も欠かすことができないと思われる。授業で大学教員が上述の知識を教えるだけでなく，それら団体の関係者と共同で授業を行ったり[10]，あるいは実際にその地域にある団体を訪問する機会を設定してもいいだろう。それ以外にも多くの専門家・団体が地域社会にはいる。そことの連携をどういった形で行うかが〈キャリア教育／支援〉の鍵となろう。

　いずれにしても，ノンエリート大学生が卒業後に安心して暮らせることを願い，そのためのキャリア教育を企図する大学は，不安定な人生を歩む可能性の高い学生たちに先述したような知識を学ぶ場として，そして地域社会にある様々な支援を行う機関へと媒介する場として，その責任を果たしうるのではないだろうか。

1）　一部ではあるが，太郎丸［2009］，太田［2011］を参照。
2）　乾［2008］，宮本［2011］，後藤・布川・福祉国家構想研究会編［2013］を参照。決定的に重要なのは，安心して暮らすことのできる制度を学校教育だけが引き受けるのではなく，雇用に関する諸制度，社会保障制度と合わせる形で整備することであろう。
3）　調査設計や本調査の特性については，最終報告書の中村［2014］を参照されたい。なお，本調査は調査方針により沖縄の若者の比率が高くなっており，そうした比率の高さを調整するため本章で用いるデータにはウエートをかけている。なお，以下のアドレスで本調査に関する報告書を入手することができる。
http://www.comp.tmu.ac.jp/ycsj2007/report.html（2014年9月13日アクセス）
4）　若者の学校から仕事への移行，あるいは「大人への移行（transition to adulthood）」の変容は，日本だけではなく多くの国で生じていることであり，研究も急速に蓄積されている。その動向を概観したものとしては，溝上［2014］を参照。
5）　偏差値は，代々木ゼミナール『2013年大学入試ランキング』に依拠して割りふった。大学学部学科名については，調査票の自由記述欄に記入してもらった。入試方式の違い等で同じ学部学科でも異なる偏差値であった場合はその中間となる値を採用することとした。なお，自由記述欄に記入しなかった対象者もおり，一定のサンプルバイアスがあ

ることは否定できない。また，本章で採用する「私立下位」は先行研究において用いられている「Fランク大学」「ボーダーフリー大学」よりも広いカテゴリーであることに留意されたい。

6) Lehmann［2009］はインタビュー調査をもとに，労働者階級出身の大学生が大学を職業教育の場として実利的（vocational-instrumental）に捉える傾向があると指摘し，かれらの身体化された志向・習慣と中産階級的文化の場としての大学の葛藤関係について描いている。社会文脈は異なるものの，日本においては居神・三宅・遠藤ほか［2005］における遠藤竜馬の担当章がこの点と重なる。

7) 図表5-14，図表5-15で用いた「就業時間×収入」「業種×職種」変数の作成については，本調査メンバーの佐野［2014］に依拠した。

8) 1990年代後半以降，若者研究の中心は「フリーター」をめぐる議論であったといってもよい。多くの研究蓄積があるが，一例として堀編［2007］を参照。

9) 樋口［2014］が次のように述べていることは社会保障制度の射程と教育の役割を考えるうえで示唆に富んでいる。「非正規労働者や無業者である若者は低賃金や健康上の課題を相対的に抱えやすい傾向が改めて確認できた。ただ，同時に留意すべき事実は，わが国では様々なニーズに対する社会サービスや社会保険制度があるものの，困難な状況に陥った非正規労働者や無業者ほど，時にこのような社会制度を利用しづらい状況にあるというジレンマである」［樋口，2014：129頁］。

10) 筆者は本章執筆時に私立下位大学に勤務しているわけではないが，キャリア教育担当者として授業を行っている。筆者なりの模索例にすぎないが，授業では最低賃金制度や生活保護制度，ベーシック・インカムについても取り上げている。基本的には筆者が授業を担当しているが，必要に応じて学生の多くが住む地域で生活困窮者支援を行っている団体の方やDV被害者支援を行っている方にもゲスト講師として来ていただいたことがある。なお筆者が大切にしているのは，社会科学的に考えるということである。例えば，「フリーターはこんなにも増えている」という事実だけを提示するのではなく，「なぜフリーターはこんなにも増えたのか」をグループで議論をして仮説を提示してもらい，それを重要な材料としながら授業を進めている。そしてそうした議論を通じて，自分たちの住む地域で一人暮らしをするにはどれほどの金額がかかるのか，アルバイトで困ったこと等の知識を共有できるようにしている。

【引用・参考文献】

居神浩・三宅義和・遠藤竜馬ほか［2005］『大卒フリーター問題を考える』（神戸国際大学経済文化研究所叢書）ミネルヴァ書房

居神浩［2010］「ノンエリート大学生に伝えるべきこと――『マージナル大学』の社会的意義」『日本労働研究雑誌』第602号

乾彰夫［2008］「不安定化する若者をめぐる状況の性格と日本の特徴――失業・非正規雇用と労働市場規制」首都大学東京都市教養学部人文・社会系 東京都立大学人文学部教育学研究室『教育科学研究』第23号

NHK放送文化研究所編［2013］『NHK中学生・高校生の生活と意識調査2012―失われた20年が生んだ"幸せ"な十代』NHK出版

太田聰一［2010］『若年者就業の経済学』日本経済新聞出版社

片山悠樹［2014］「若者の地域移動」若者の教育とキャリア形成に関する研究会『「若者の教育とキャリア形成に関する調査」最終調査結果報告書』

厚生労働省「新規学卒者の離職状況に関する資料一覧」 http://www.mhlw.go.jp/topics/2010/01/tp0127-2/24.html（2014年9月16日アクセス）

児島功和［2011］「'下位大学'の若者たち―学習の意味と社会的ネットワーク」樋口明彦・上村泰裕・平塚眞樹編著『若者問題と教育・雇用・社会保障―東アジアと周縁から考える』（現代社会研究叢書4）法政大学出版局

後藤道夫・布川日佐史・福祉国家構想研究会編［2013］『失業・半失業者が暮らせる制度の構築―雇用崩壊からの脱却』（シリーズ新福祉国家構想3）大月書店

児美川孝一郎［2007］『権利としてのキャリア教育』明石書店

児美川孝一郎［2013］『キャリア教育のウソ』（ちくまプリマー新書）筑摩書房

佐野正彦［2014］「仕事と生活世界の変化と現状」若者の教育とキャリア形成に関する研究会『「若者の教育とキャリア形成に関する調査」最終調査結果報告書』

太郎丸博［2009］『若年非正規雇用の社会学―階層・ジェンダー・グローバル化』（大阪大学新世紀レクチャー）大阪大学出版会

寺崎里水・植上一希・藤野真［2014］「大衆化した大学における学生の就業意識とキャリア形成支援」『福岡大学研究部論集A 人文科学編』第13巻3号

中村高康［2014］「『若者の教育とキャリア形成に関する調査』の概要」若者の教育とキャリア形成に関する研究会『「若者の教育とキャリア形成に関する調査」最終調査結果報告書』

仁平典宏［2009］「〈シティズンシップ／教育〉の欲望を組みかえる―拡散する〈教育〉と空洞化する社会権」広田照幸編『教育―せめぎあう「教える」「学ぶ」「育てる」』（自由への問い第5巻）岩波書店

濱中淳子［2013］『検証・学歴の効用』勁草書房

樋口明彦［2014］「若者に対する社会保障制度の射程」若者の教育とキャリア形成に関する研究会『「若者の教育とキャリア形成に関する調査」最終調査結果報告書』

堀有喜衣編［2007］『フリーターに滞留する若者たち』勁草書房

溝上慎一［2014］「学校から仕事へのトランジションとは」溝上慎一・松下佳代編『高校・大学から仕事へのトランジション―変容する能力・アイデンティティと教育』ナカニシヤ出版

三宅義和・居神浩・遠藤竜馬ほか［2014］『大学教育の変貌を考える』ミネルヴァ書房

宮本みち子［2011］「若者の自立保障と包括的支援」宮本みち子・小杉礼子編『二極化する若者と自立支援―「若者問題」への接近』明石書店

森岡孝二編［2012］『過労死のない社会を』（岩波ブックレット）岩波書店
Lehmann, W［2009］"University as vocational education: working-class students' expectations for university" British Journal of Sociology of Education, 30（2）.

6章 地域若者サポートステーションによる高校アウトリーチが示唆するもの
▶キャリア支援と心理支援の融合の重要性　　　　熊澤真理

1 はじめに

　就労支援機関には様々な課題を抱えた若者（おおむね15歳から39歳）が訪れる。筆者が若者と接するなかで特に感じるのは，かれらは職種・業種の検討や面接指導，履歴書の添削等のスキルを習得するキャリア・コンサルティング的支援だけでなく，人との関わりをベースとして心を育みながら将来について準備をしていく取り組みや機会を必要としているということである。筆者は就労支援の専門職として様々なプログラムをつくってきた。そのポイントは,「心理支援」をベースにしつつ，心理的課題だけを直面化させるのではなく，自らの状況を受け止め，どのように生きていくのかを一緒に考えていく「キャリア支援」を融合させた支援である。このような「心理支援」と「キャリア支援」を融合させた支援の具体的方法として，筆者が高等学校との地域連携で実施してきた取り組みを本章では紹介する。このことを通じて，就労支援やキャリア教育は1つの機関だけで完結するものではなく，様々な機関が連携して人を育てていくべきことを主張したい。

2 地域若者サポートステーションのアウトリーチ事業

（1）高校アウトリーチ事業が始まった経緯

　「厚生労働省では，2006（平成18）年度より，地域の若者支援機関により構築されたネットワークの拠点となる『地域若者サポートステーション』の設置を進めてきた。地域若者サポートステーションは，若者を社会的・職業的自立へ誘導することを目的とし，全国各地域において，地方自治体との協同により

関係諸機関の協力を仰ぎつつネットワークを構築し，個々の若者の置かれた状況に最も適した自立支援を継続して受けることができる仕組みづくりを目指そうとするものである。」［厚生労働省，2012：はじめに］

　地域若者サポートステーションの主たる支援対象者である若者無業者，いわゆるニート状態の若者の数は，2012（平成24）年で83万人（内閣府『平成26年版 子ども・若者白書』。なお，35～39歳も含めた数字）となっている。「特に進路が決まらないまま高校を中退した若者の場合ニート状態に陥りやすく，その後年齢を重ねてもなかなかその状態から抜け出しにくいという実態があり，こうした高校中退者等の若者に対し早期の段階から支援を行い，ニート状態になることの未然防止を図ることが重要となる。こうした認識に立ち，厚生労働省は平成22年度より，地域若者サポートステーション事業の一環として『高校中退者等アウトリーチ事業』を開始し，平成23年度においては全国110箇所の地域若者サポートステーションのうちの60箇所において本事業を実施した。」［厚生労働省，2012：はじめに］。

（2）京都若者サポートステーションにおける当時の状況と問題意識

　卒業後あるいは中退後に初めて自立支援・就労支援機関とつながった人の場合，その間に長い時間を経たり，就労の場で傷ついたり，家族内での葛藤や軋轢を経たりすることも多く，自立を妨げる複合的な問題を抱えることになりがちである。そこで重要なのは，京都若者サポートステーション（以下，サポステと表記）の機能を高校に「アウトリーチ」する（支援の手を差し伸べる）ことである。早いタイミングでの支援と，学校を通して社会資源についての情報提供を行う。自分の生き方を考える，自分の視野を広げるためのキャリア発達支援にも力を入れる。こうした支援が就労へのミスマッチを防ぐことや，早期離職の防止にもつながると考えたからである。

　事業導入当時，サポステの20代，30代の利用者のうち高校中退者の割合が全体の5％に上っていた。また，中退後アルバイトはするが，安定した就労にはつながらずニート状態に陥ったケースも少なからず報告されていた。筆者はサポステの事業に7年間関わるなかで，常づね早期支援の重要性を感じていた

ため，高校訪問実施を提案することとした。

（3）アウトリーチ事業としての高校訪問―市立4校共通した支援内容

サポステでは，2010年7月から4名のキャリアカウンセラーが毎週1〜2回，京都市立高校4校（現在：全日制2校，定時制2校，2010年は5校）を訪問している。学校ごとに行っている内容に特徴が出てきているが，個別相談とキャリア形成プログラムの2つが基本的な訪問プログラムとなってきた。

個別相談は，在校生や既卒者で進路未決定者に対して「自分らしい生き方」を一緒に考える進路相談である。基本的には希望者だけであるが，進路指導担当者や担任から誘導される場合もある。また，模擬面接，履歴書添削などの就職指導も行ってきた。

キャリア形成プログラムでは，授業やホームルームの時間に，社会保障やキャリア発達課題を意識したキャリア形成のプログラムを実施してきた。

3 A校での取り組み

●キャリアサロンについて

（1）キャリアサロンの開設の経緯

サポステは上述のように2010（平成22）年7月より京都市立高校4校へ定期的な訪問を行い，そのうちのA校においてサポステ専用室として利用させていただいていた部屋を，2011年度より「キャリアサロン」と名づけて開室した。これは，生徒とキャリアカウンセラーが直接接点をもち，生徒の個々のニーズに応えた支援を実施していくことが重要だと考えていたからである。

（2）ネーミングにこめた思い

「キャリアサロン」という名は，生徒たちに就職・進学の進路を選択する際に，消去法ではなく，「夢」を描きながら進路を積極的に選択してもらいたいという思いから名づけた。そこでは，生徒たちが気軽に立ち寄り，キャリアカウンセラーとの個別相談・少人数の中での相談や，学年を超えて将来のキャリアに

ついて生徒同士で話し合える日常的な場づくりを目指した。

（3）キャリアサロンに来所していた生徒の層
　留年者，経済的貧困家庭層，低学力から高学力まで，また部活動に所属している者から，部活動が続かず退部し何も活動していない者，アルバイトをしている者まで様々である。

●キャリアサロンの状況
第1期：生徒がキャリアサロンに定着するまで
　2011年度は週2回，放課後15時〜17時で開室した。開室当時，生徒にキャリアカウンセラー・キャリアサロンの存在を知ってもらうために，どのようにすればよいのか学校の管理職と何度も相談を重ねた。結果，次の2点の取り組みを行った。①管理職の提案，調整により1，2年のキャリアの授業に入らせてもらい，発達障害等の課題をもった気になる生徒のチェック等を実施した。グループワークの取り組みや，個々のプリントワークの内容をみて，課題がみられる生徒たちにサロンの案内を行った。また，②サポステからの提案で2か月に1度，様々な職種の社会人をゲストスピーカーとして迎え「キャリアサロン・ミニセッション」（以下，ミニセッションと表記）を実施した。生徒たちに様々な生き方に触れてもらう機会をもってもらおうと考え，モデリング（生き方のお手本にする）できるような身近な大人たちをゲストに招いた。ゲストからは，働くことだけでなく，遊ぶこと（趣味も含め），勉強すること等を語ってもらった。
　しかしその後も，生徒は入口でウロウロするもののキャリアサロン内に入ってこなかったため，管理職から学年主任，担任団等にキャリアカウンセラーやキャリアサロンの利用を勧めてもらった。その結果，進路部から誘導されて3年生の就職面接指導が増え始め，学校を続けようか迷っている生徒も1名，担任ともにサポステ本体へ来所した。

第2期：定期的に生徒が定着・学校での認知が広がる
　2011年秋に1年生女子数人が初めて来所し，キャリアサロン付近を練習場

所としている運動部部員と1年生女子が常連となり定着し始める。これをきっかけに教員がキャリアサロンでの生徒の様子を伺う為に来室する機会も増える。その後サポステの提案で，1年生女子の担任と生徒や中退者の情報共有の場をもった。この頃から，常連の生徒からは「毎日開けてほしい」という要望もあり，2012年度から週に3日開室することとなる。

　2012年度は，前年度から引き続いて運動部（新1，2年生）と新2年生女子が来室し，学年主任との情報共有を行うことにした。2012年度のミニセッションは特に女子生徒が将来について意欲的に考えることができるように，京都ならではの伝統工芸に携わる女性職人や環境NPO法人を運営している方など地域で様々な働き方をしている女性を招いた。普段出会うことのない様々な職種の大人とコミュニケーションをとることに徐々に慣れていく生徒たちの姿がみられた。その後のミニセッションは部屋に入りきらないくらいの生徒が参加する日もでてきた。夏には個別の（家庭の相談等）深刻な相談が増加する。その頃，学年主任からは「あの子たちはあそこで救われている」と評価される。以後，生徒の利用者数が10名を超える日も多く，来所が20名以上に上った日もみられた。

第3期：学校との連携が深まった時期―教員からの紹介が増加

　2012年度秋には来室する生徒の個々の課題が浮き彫りになり，教員との連携が密になった。その後，のちに転学者となる生徒も来所し，それぞれの課題による不安定な関係性から来室できない生徒も出てきた。クラスで孤立し中退の恐れもあった生徒もおり，キャリアカウンセラーと教員が役割分担し支援を行った。キャリアカウンセラーがサポステ本体での個別面談も実施し，安定した関係構築に努め，関係する教員との情報共有も頻繁に行った。また，管理職からは中退を考えている生徒Bを在学中に紹介され，校内で本人と顔合わせを行い，その後サポステ本体で毎週個別面談を実施した。

第4期：3年間の支援効果―生徒の進路決定

　2013年度は，教員相談が増加した。また，この約3年間の支援効果が表れ，

先に挙げた中退の恐れがあった生徒も含めたキャリアサロンの定期的な利用者の3年生（女子も含める）6名の就職が10月上旬までに決定した。さらに，特性を踏まえた面接指導を行った生徒と他の定期的な利用者を含め13名のキャリアサロンを利用した生徒が内定をもらうことができた。

約3年間キャリアサロンを定期的に利用し2014年度から社会人になった卒業生は，在学中に（在学前も含めて）深刻な課題を抱えていたにもかかわらず，早期離職することなく働いている。また，教員からの相談も年々増え続け，2014年度現在は生徒相談件数を超えている。

●キャリアサロンを通した支援─安心・安全な場所とは
（1）キャリアサロン内の支援
●精神的環境の整備：安心できる空間づくり

キャリアサロンでは，一息つきながら生徒が気軽に来所し話ができるように，ホットのミルクティ，ココア，コーヒーを1杯だけ提供した。しかし，1杯以上は出さないことを徹底した。これは，生徒たちの物質的要求の枠が広がることを避け，キャリアサロンはあくまでキャリアカウンセラーとの関係性を築くことを目的としているからである。生徒の物質的要求をのんでいくと，ただの「たまり場」になってしまう恐れがあり，あくまで相談の敷居を下げ，校内で生徒の困りごとや課題をキャッチし支援を行うことが重要である。

●物理的環境の整備：自己肯定感を高める為の部屋づくり

安心できる空間を提供し，生徒たちの自己肯定感を高められるようかれらが自ら表現したもの（ウェルカムボードの作成や自分たちで考えたルール作りなど）はできるだけサロンに飾るようにした。これは，生徒が自らを受け入れられていると思うこと，そこに居てよいという安心感をもてる雰囲気づくりを心がけたからである。また，自分のことだけでなく，他の生徒が安心して利用することを考えた行動（ルール作りを自分たちで提案・発信したこと，ゴミを散らかさないようにゴミ拾いをしたこと等）がみられたときなどは，特に誉めるようにしていた。

（2）キャリアサロン内での基本的支援の流れ

```
生徒が来所→①生徒のニーズを聞き，見立てを行う→②コーディネー
トをして必要な資源につなぐ・校内での情報共有
```

①ニーズを聞きながら，見立てる
●自由な雰囲気のなかで状況・ニーズを見立てていく重要性

　高校生年代の生徒たちにとっては，何となく「話したい」「伝えたい」「訴えたい」ことがあるが，自分でも何を話したいのか整理できていない状態で来室するため，日常生活の話をしながらキャリアカウンセラーが見立てをし，ニーズを拾うことが必要であった。ニーズを見立てるとは，発達的・情緒的状態，家庭環境も踏まえ生徒一人ひとりの状態と求めていることを見立てることである。その見立てをもとに，キャリアサロンの中で，少人数のコーディネートや個別相談を実施する（必要な場合は別の場所で実施）。支援者には，個々の生徒に今必要なのはキャリア支援なのか，心理的支援なのか，医療なのか，福祉支援なのかを見立てる力量が求められる。

　心理的個別相談は，二者の関係づくりが必要な状態にある生徒や，そこを焦点化し取り組まないとキャリア発達・形成が進まない状態の生徒，基本的信頼感を得られない状態の生徒に実施した。基本的信頼関係を構築させ，本来の青年期発達課題である親からの自立を意識しながら，自我を育てる（自分の世界を確立する）支援を行っていった。

　基本的信頼感を得て（もともと得ている場合はもちろんのこと），自分がその場にいてよいという安心感が育ってくると，少人数のなかで自分をどのように表現していくかがテーマとなる。キャリアカウンセラーが，雑談の中で人に興味をもつこと，人の話を聞くこと等の個々課題に気を配りながら，クラスやバイトのこと等を自然に話せるようにコーディネートを行っていった。その際に，本人のこれまで先送りされてきた課題が比較的表面化されやすい。そこで出てくる課題に対応し，生徒がいかに自身の感情をコントロールするか等個々のストレスマネージメントや自己覚知を促すことも大切である。これらの課題を克服できるよう生徒の関係性をみながら言葉かけを行い少しずつ課題に向き合い

乗り越えていけるように支援を行っていった。

●少人数で来室する意味

　キャリアサロンは，個別相談・志望動機を含めた履歴書の添削・面接指導が入っていない日は基本的にフリーオープンである。学年やコースを超えてその場に居合わせた少人数の生徒とキャリアカウンセラーが話をしている。少人数といっても，必ずしも信頼関係が構築されているわけではない。思春期の彼らは個人では入室しにくく，少人数だと入室しやすいという生徒も多い。根底にあるニーズは，みんな自分の話を聞いてほしいと思っている。話す順番を待ちながらキャリアカウンセラーと生徒が話す内容を他の生徒がソファに座り横で聞いている。その間は静かに人の話を聞いていることが多い。キャリアカウンセラーと他の生徒の関わりや，発言もよく聞いており，キャリアカウンセラーがどのような人物かなど，生徒それぞれに解釈・判断をして様々なことを学びとっているようであった。

●スクールカウンセラーのところへいくほどでもないと思い込んでいる生徒たちのニーズ

　第3節で少し触れたように，キャリアカウンセラーからみても心理的に様々な困りごとを抱えている生徒も来室していた。本来であればスクールカウンセラーの心理的治療を受けるべきであるが，来室間もない段階でキャリアカウンセラーがスクールカウンセリングを勧めても，様々な理由を口にして継続的な利用をしようとしない。執拗に勧めるのではなく，しばらく様子をみていると，キャリアサロンに来室している生徒たちは，かなり過酷な過去や家庭環境・家庭状況にあるにもかかわらず，将来に向けて頑張りたい（それをまだ言語化ができない状態の生徒が多いが），そこを支えてほしいと思っていることにキャリアカウンセラーは気づかされた。

　ある生徒がいった言葉が印象的である。「（今は）スクールカウンセラーのところに行くほどでもない。行くなら，昔に行っていた。（家庭環境的に）強くなるしかなかった。でも，夢をもつって，どうしたらいいの？」

　キャリアサロンに自ら来所する生徒は，このような質問を大人に投げかけることができる。また，大人に受け止められることへの期待，様々な意見をもら

うことを期待しながら，自らの道を探っている状態であることがわかった。
●校内での居場所がもたらす日常生活への効果・将来への展望
　定期的に来室する生徒たちはキャリアサロンを以下のような用途，頻度で利用していた。部活動やアルバイト，委員会活動などに行く前にキャリアサロンで1杯お茶を飲み，キャリアカウンセラーと少し話をする。そしてそれぞれが頑張るべき場所（緊張が伴う場所）へ戻る生徒が多かった。それを毎週繰り返す。この繰り返しによって，それぞれの場所で精神的余裕をもった行動やその場を客観的にみる視点を養うことができる。このことが部活動やバイト先での人間関係や家庭での親子関係に安定をもたらす。また，今一度それぞれの自分の状況や状態を冷静に見直したり，うまくいかないときはなぜなのかと，キャリアカウンセラーと一緒に話し考えることで自らの世界をつくりあげていた。このような時間が思春期・青年期には特に重要である。日常生活が安定することにより，将来について考えるようになるのである。

②コーディネートをして必要な資源につなぐ・校内での情報共有（図表6-1参照）
●教員との細かなやりとり（生徒の状況を代弁，生徒に必要な支援方法を教員と一緒に考える）
　キャリアサロンの支援を進めていくためには，教員が「あの部屋で何をやっているのかわらない」ということにならないよう，生徒と関係を築いている教員との日常的なコミュニケーションを図ることを心がけた。とりわけ進路部長と管理職へのこまめな日々の報告を徹底した。また，「どうにかしたい」という思いはあるが言語化が思うようにできない生徒と教員をつなぎ，キャリアサロン室内で三者間で話し合う機会をもつ等の役割も担っていった。15時～17時までキャリアサロンを開室していたが，閉室後の17時30分以降は，その日の重要事項を担任や個々の生徒と最も関係性をもっている教員，管理職と必要な情報を共有する時間をもつようにした。教員との連携を模索していくなかで，校内での支援方法を確認する等，学校文化との距離を縮めるように心がけた。
　ある生徒は，他の生徒との関係性が築けないまま，キャリアサロンに他の生

図表6-1　校内支援図

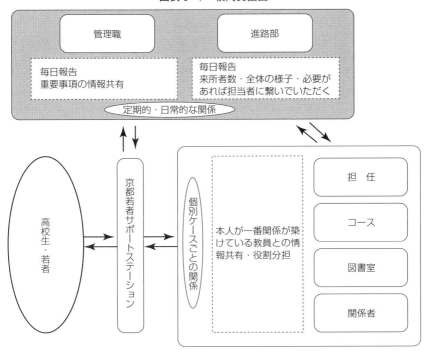

徒とともに来所していた。自分の過去の話ができずにいた生徒は他の生徒との関係性を訴え，個別面談を自ら希望してきた。この生徒はよく図書室に出入りしており，図書室の相談スペースを使わせてほしいと自ら交渉し，教員からの了承をもらい，数回ほど面談を実施した。そのことで，図書室の教員とキャリアカウンセラーとの共有も頻繁に行うこととなり，ケースに対して教員と教育・支援の部分での役割分担が自然と行えた。また，図書室の教員が生徒に促されてキャリアサロンに出向いてこられることも多くなり，生徒たちが教員とキャリアカウンセラーをつないでくれる機会も多々あった。

　さらには，1年生のときからキャリアサロンを利用して3年生になり，就職のための求人票を探し始めた生徒には，情緒・発達状態からみてどのような業種，職種がよいか一緒に検討していき，進路部とも役割分担をして互いに内容

を引き継ぐようにした。

　また，個々の教員に対しては，支援が必要な生徒にはできるだけ早期に支援を行うことで早期の社会参加が可能となること，次世代の担い手・人材になる等の話を行い，教員にも早期支援の必要性と外部連携について意識してもらえるように心がけた。

●サポステ本体（外部資源）の利用：キャリアサロンからサポステ本体への誘導

　先にも少し触れたが，クラスで孤立し中退の恐れがあった生徒は，生徒同士の関係性によりキャリアサロンにも来所しづらくなっていた。キャリアカウンセラーが本人のSOSを校内でキャッチし，校内では他の生徒の目が気になり安心して相談ができない状態であったため，サポステ本体で定期的に面談することを提案する。本人も来所したいと意思を示したため，キャリアカウンセラーが校内のサポステ窓口であった進路部長に報告し，放課後に本人がサポステ本体に来所。その後継続面談を定期的に行った。クラスや家庭状況により不安定になる心理的な部分を支えることによって，クラスでどうにか過ごせるようになる。その間にキャリアの支援を入れることによって，本人は第1次で希望していた企業に就職が決まった。その間，進路部長や本人と関係を築いている教員と役割分担を確認しながら細やかな報告，やりとりを行ったことが本人に良い効果をもたらしたと思われる。

③心理的支援とキャリア的支援をつなぐコーディネート：「キャリアとこころ
　の間にいる生徒・若者たち」（図表6-2参照）

　先に述べたように，キャリアサロンには様々な成育歴や発達状態，家庭環境の生徒が出入りしていた。だからこそ，彼らが個々にどのような発達・愛着・社会性・文化特性を有しているのかを見立てながら日常の関わりを進めていく必要があった。個別のときはカウンセラーとして，少人数の対応のときはコーディネーターとして，すなわち個々の課題を意識したうえでのキャリア教育的視点という異なる役割をもちながら，両方の力量が必要とされた。また，キャリアカウンセラーとしては，履歴書の添削，面接指導も大切な役割である。3年生の面接指導は定期的に来室するキャリアサロンの利用者だけでなく，担任

図表6-2　キャリア支援と心理支援の融合図

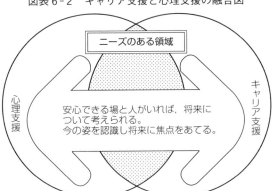

や進路部の教員から依頼を受け，発達特性が顕著である生徒や情緒的不安定な状態・エネルギーが低下している生徒の模擬面接指導も行った。発達特性の課題がみられる生徒においてはその特性を踏まえ，不安に感じていることを少しでも軽減できるように面接指導を実施した。

　どの場面においても生徒の個々の発達状態を捉えることが必須であった。生徒の発達状態を踏まえたうえで，生徒たちがそれぞれ直面している今の課題をどのように乗り越え，今後どのように生きていくのかを一緒に考えていくことを生徒たちから求められていた。

4 ┃ 高校に発達心理学的視点をもったキャリアカウンセラーが入る意味

　筆者は，思春期・青年期前期の生徒にキャリア発達的な支援を行う意義について，以下のことを念頭において実施してきた。

　発達理論において青年期の発達課題のひとつとして，親からの精神的自立が挙げられる。キャリアサロンに来所する生徒のなかには親の精神的支配や親への依存度が高いケースがみられ，身体の不調を訴える生徒も少なくなかった。

　筆者は，キャリアサロンに来室している生徒で家庭環境に課題がある生徒を支援していくなかで彼らのもっている力（リジリエンス）を伸ばしたいと考え

ていた。小野は「思春期の精神病理の治療と予防は，成人期以降のリスク因子の軽減につながり，思春期の移行支援によって適応行動を増やし，自己有能感を高めたり，将来への計画をもつことを支援できれば，保護因子を増やしリジリエンスを高めることにもなる。

つまり，思春期は乳幼児期や児童期の精神病理と成人期以降の精神病理の交鎖するポイントとしての重要性があるということになる。」[小野，2012：175頁]としている。

さらに小野は，「思春期は精神病理のリスクが高い時期であると同時に，それまでの発達の経路の結果として発現する不適応行動を修正し，より適応的な成人期に移行することを支援するうえで非常に重要な時期でもある。精神保健の視点からは，思春期の精神病理を予防するだけでなく，思春期以前からの精神病理も含めて，現在の精神病理への治療的介入の好機でもあり，そして成人期以降の精神保健の基盤をつくるという，きわめて重要な時期であるといえる。したがって，この時期の精神保健支援はライフサイクル全体のなかでも特に重要なものと位置づけられなければならないのである。

残念ながら，思春期の精神保健支援体制はこのような重要な課題を引き受けられるほどには整備されていないのが現状である」[小野，2012：182頁]としている。学校内ではスクールカウンセラーと養護教員で精神保健の大部分が担われているが，その精神保健の面と発達状態を踏まえた進路・キャリア形成を支援する仕組みはできておらず，その部分の包括的な役割をキャリアサロンが担っていたと考える。

5 学校側からみるキャリアサロン

キャリアサロンについて，A校の教員の方々から次のようなご意見をいただいた。

（1）キャリアサロン開設の背景：学校改革の流れと連動して
・平成19年度より，本校は，従来の学科募集から一括募集（創造技術科）に改

編が行われたが，教職員の意識はあまり変わらず，現状の変化を嫌う内向きの思考であった。
　一方，入学してくる生徒の基礎的な学力，生きる力は不足する傾向にあり，課題や困りごとを持った生徒も増加傾向となった。

・平成21年度より前校長が本校に赴任したが平成22年7月20日「京都市立工業高校のあり方に関する検討プロジェクト」まとめにおいて外部の教育力の活用をするよう提言があった。この提言をうけて本校でも積極的に外部の方を非常勤講師に招聘したり，学生ボランティアに教育活動にかかわってもらうなど外部の教育力の積極的活用に動いた。

・このころの本校は，学習内容に興味が持てず進路変更や中途退学をする生徒が多くいた。ミスマッチを防ぐための取り組みとして中学生への学習内容の周知を今まで以上に積極的に出前授業や高校訪問の受け入れによって行っていた。

・改編により導入された学校設置科目「キャリア科目」では，生徒に基礎学力を定着させ，勤労観・就労観を涵養し，自ら進路選択ができる能力をつける教育活動を行ってきた。

（2）キャリアサロン開設

・当初，学校としてもどのように学校教育に関わっていただくか正直，手探りであった。本校は，職員室が分散しているため，あまり使用していない1室を確保し，「キャリアサロン」という名称で生徒に周知していった。また，教員への働きかけとして管理職が，担任の先生に，様々な指導にもかかわらず進路変更を考える生徒がいたらキャリアサロンの活用も視野に入れるようにアナウンスし活用を促していた。

・平成23年度からは，面接指導などの直接の就労支援にとどまらずゲストスピーカーを迎えての「キャリアサロンミニセッション」も行っていただいた。また，キャリア科目の担当者として授業にも参画していただいた。これらの取組みによって，生徒，教職員とキャリアカウンセラーの関係が徐々に密になり，信頼関係を構築するまでになっていった。

・平成24年度からは，週3回来校していただくことになり教職員，生徒との関係もさらによくなり，A校の教育の一翼を担っていただくまでになっていた。

（3）キャリアサロンの教育効果
・3年生の就職希望者に対する面接指導は，効果が大きい。やはり，緊張感を持った指導ができる。
・計13名の生徒が面接指導など何らかの就職指導のお世話になり，学校斡旋就職希望者の1割強の生徒が内定を得ている。100名を超える多数の学校斡旋希望者の中で，教職員がサポートしきれないキャリアカウンセリングを含む指導が，内定数につながっている。
・在学中のサポートステーションとの関わりが，卒業後，不調や悩みが出てきたときの相談先として意識化され，事実，卒業後も相談や報告をするため，相談窓口に足を運ぶ生徒も複数名おり，早期退社せず継続勤務ができている。
・キャリアサロンは，本来的な事業目的の進路変更希望者や中退者などのサポートだけにとどまらず，「在校生のキャリア教育」へ深く関わっていただいている。
・生徒一人ひとりの生き方や進路に対する不安，悩みなどを受け止めて中途退学に至らせない予防効果がある。
・客観的な視点からアプローチできるキャリアカウンセラーと教職員がコラボレーションすることによってより効果の大きなキャリア教育ができていると考える。
・この事業は，カウンセリングマインド（スキル）を持たれたキャリアカウンセラーがおられたから様々な教育効果がある。誰でもいいから配置すればうまくいくものではなく，生徒に適切な距離感で寄り添い，生徒を成長させようとする気持ちがなければできない。
・当初2名の担当者を配置していただいたこと。本校に来ていただいた方の専門知識等は勿論のこと人柄も大きい。

(4) キャリアサロンの課題

・キャリアカウンセラーと教職員，とりわけすべてのクラス担任との連携が密になっているとは言いがたい。これは，本校の教職員間でも言えることであるが，このことが改善されればさらにキャリアサロンが機能すると思われる。
・キャリアサロンを来訪して様々な相談を生徒がするが，来訪者が固定化し，新たな生徒が入りにくい傾向になりがちである。が一方，固定化することにより生徒が内面をさらけ出し前向きになれるのも事実である。
・継続性の意味でも週3回，最低2名でのサポートが必要であると思われる。

6 | 3年間のキャリアサロンを通した支援効果

●進路決定

1，2年次から支援をし，キャリアサロンを毎回のように利用していた3年生（女子も含め）の内，中退の恐れがあった生徒も含めた6名の就職が10月上旬までに決定した。女子生徒の1次就職内定率が昨年，一昨年と比較し30％以上も上昇した。

また，3年間支援を行ってきた生徒をはじめ，進路指導のなかで発達的課題を踏まえた面接指導を行った生徒を合わせて合計13名（上記の女子も含め）の進路決定に至った。

●キャリア支援と心理支援の融合の有効性

この3年間キャリアサロンを通した支援を進めていくなかで，思春期・青年期前期の生徒には日常的支援が非常に重要であり，発達的な支援効果も期待できることが確認できた。思春期に，日常的に関わるなかで，心理支援により悩みや不安を受け止められた経験が，これまでの個々の情緒的課題の軌道修正や，将来の精神病理に対する予防となる可能性が考えられる。そこからキャリア支援も加えることで，様々な大人をモデリングしながら将来について目を向けていくなど，希望をもち夢を描くことができる。

1年生当時，短時間しか話ができなかった生徒が，3年間バイトを頑張り，

キャリアサロンにも定期的に来室した。苦手だった公共交通機関も利用できるようになり，第1希望の企業に1次で合格した。現在は，資格取得や企業内での昇進にも意欲的になり，「こんな世界があるなんて思わなかった」と話す。

不安定さがみられたとしても，日常的な支援と出会うことで，自分に関するおとなに憧れをもつ。そこから将来大学に行きたい等，何かやりたいという意欲が徐々に高まってくる。そのことで，現実的には成績や家庭環境要因により必ずしも叶わなくとも，就職に向けての意識や集中力が高まり，就職が早い段階で決まるという結果に至ったと考えられる。

現状では難しくとも就職後一定期間働いた後で大学に行こうと目標を決めている生徒もいる。3年間キャリアサロンを利用した生徒たちは，卒業後もキャリアサロンに報告に来る等，常連メンバーで時々集まっている。中学生時代までは同世代との安定した関係性が築きにくい生徒たちが卒業後も関係性を継続し，社会人としての一番大変な時期を互いに支え合っている。また精神的に不安定になった場合は，サポステ本体に来所しキャリアカウンセラーに相談（フォローアップ）している。このような生徒同士の関係性を継続できていることが，最大の支援効果の表れではないだろうか。

● 中退予防

中退していく生徒には様々な理由があるが，キャリアサロンにおける実践のなかで，自らの意思で辞めることを望んでいる生徒は少なく，学業不振や人間関係の不和，同世代との関係性が構築できない等による退学が多いことがわかってきた。退学した後，サポステ本体で定期的に支援を継続している生徒もいる。人間関係が原因の場合，クラスで居場所を見出すことができなかったとしても，校内に居場所があり，それがゆるやかに将来に向けた方向性を見出だしていける場所であれば，学校に留まる可能性も出てくる。また，周りの生徒にどのように思われるか心配することなく利用でき「お茶を飲めるから！」と1杯のお茶もカモフラージュにも使える。このような校内の居場所が思春期の生徒，特に高校生の年代の若者には非常に重要であることがわかった。校内に居場所があることで，中退のリスクを回避し，高卒として学校斡旋での正規就

職を得る可能性が高まる。

　また，高校卒業資格取得まで学校にとどまることができたということが，思春期のかれらの自己肯定感に与える影響は大きい。何より，キャリアサロンを利用した卒業生をみていると，仕事や将来に向けて意欲的に自分に決断・行動に責任をもちながら少しずつ歩んでいるのがよくわかる。卒業後6か月経つが，今のところ離職者はいない。やはり，生徒たちにキャリア教育への意欲をもたせ，さらにその意識を発展させるには，心理的情緒的な安心・安全という土台が必須なのであろう。

◉地域に存在する支援機関との日常的連携の重要性

　支援と教育の連携の必要性を学校側に認識してもらうには，個々の生徒に関係する教員とキャリアカウンセラーが，どちらかに対応を任せるのでなく，一緒に同じ方向を向き，役割分担をもって取り組むことが重要である。そのことで積極的な支援効果がうまれ，教員にも外部のキャリアカウンセラーとの連携の意義が伝わることを身をもって感じた。また，第5節の教員からの意見にもあったように，在学中に校内で生徒と外部の支援者が出会うことで，中退の可能性のある生徒や早期離職者に対し，中退後や卒業後に外部の支援者につながることができ，引きこもりやニートに陥ることを防ぐ可能性が高いことも実証されつつある。

　管理職から紹介されたBは，これまで小・中学校を含め何事も継続が難しい状態だった。そのBが10か月の間，1度も休まずサポステへ来所し，翌年の3月には派遣社員としての就職が決まった。Bはキャリアカウンセラーとの個別面談が「面倒くさかったけど，楽しかった」と話す。その後，Bはサポステで安定就労を目指せるようフォローアップ支援を受けている。現時点で6か月以上継続して働いており，正社員を目指している。Bは自分と同じ年の生徒たちのことを意識しており，同時期に自分も就職できたことで自己肯定感が高まったようにみえる。Bの影響も受けて保護者の生活も変容した。このことを本人にも了解をとり，管理職にこの間の動向を伝えている。

　なお，外部の支援者が学内の支援をする際に，週2日以下では生徒の日常生

活の流れにあわすことが難しく，週3日ほど学校に入らないと教員と役割分担をもった支援は難しいと感じる。

　この4年間で，学校側との距離が近くなり互いの立場を活かしながらの協働システムが構築されつつある。生徒の成長をみながら，教員が外部の力を得ようとする変化がみられる。日常的な支援は生徒のみならず，教員との連携を進めることにおいても重要である。教員に外部の人ではあるけれど，教員と同じように生徒たちのことを想い，自分たちの専門外の分野やどうしたらよいかわからないことを相談する相手と認識してもらえるようになった。また「そのキャリアカウンセラーが勧める機関ならば」と，地域の資源（支援関係機関等）の紹介の際にも抵抗なく，むしろ好意的に捉えてくれている。

　ここまで関係性を築けたのは，事業開始の時期から日々の支援を丁寧にやってきたからこそであり，校内と地域をつなげる新しい支援の枠組みを展望できる所までようやくきたのだと思われる。

7 ま　と　め

●本人の成長に合わせた連続的支援

　この4年間支援をすすめるなかで，生徒たちから求められていたものは「意欲を育める場所を探している」ということだと感じる。多感な思春期・青年期前期の対応は，本人の心理状態をただ直面化させるのではなく，日常の生活の中に安心できる場所を確保し，自我を育て自分の世界をつくる（アイディンティティの確立）形で自立させていく支援が求められる。この時期に教育と日常的に連動させた丁寧な支援を行っていくこと，すなわち，地域支援機関と学校が日常的につながりながら，役割分担をもち協働で生徒を育てていくこと，また中退が決まった場合にも継続して地域で支援をしていくことで，貧困層の子どもたちや，働かなければならないと分かっているが内面的・心理的に動けなくなっている生徒・若者を現実的に就労にまで結びつけることができる。このような支援を継続させることこそが，従来のキャリア教育にも変化を与え，さらには学校教育の変化にもつながっていくのではないかと考える。

この事業が始まった当初（教育委員会から現場に話を通していただいた経緯はあったが），学校現場に歓迎する雰囲気はなく，継続した事業になるとは考えられない状態でスタートした。管理職や担当教員とともに「教育・指導と具体的に連携した支援」とはどのような方法があるのか手探りで支援を行うなかで，思春期・青年期前期の生徒たちの本当のニーズが見えてきたのである。筆者は支援者と教員が日常のなかで互いの役割・存在を意識し，細やかなコミュニケーションをとることで支援効果が生まれたことを実感し，これこそが理想的な協働ではないかと考えている。

　キャリアサロンのような取り組みは，中学校では地域のセーフティネットとして機能する可能性や，大学では所属感をもたない学生の居場所（自立に向けての準備も兼ねて）機能を果たすことも考えられる。少しでも早期に支援することにより，思春期・青年期の生徒・若者の課題抽出を可能にし，課題を先延ばしにするリスクを低くし，将来の就労にスムーズに移行できる可能性を高めることになるであろう。

● 今後の課題：連携支援体制の構築

　この事業は中退者情報の把握や早期支援が主な目的であったが，校内での支援を進めるなかで，在学生には中退予防支援が必要であること，教員にもサポステ機能を認識してもらうためには，在学生の支援にともに取り組むことが重要であることがわかった。しかし，中退予防は支援効果が数値に表しづらく，評価が難しい。現状では，数字に表すことができなければ，次年度予算の減額の可能性があり，継続・安定した事業運営も難しくなる。もし全国的にこのような支援ニーズがあれば，教育政策と労働政策による安定財源の確保が必要とされるであろう。

　また，この事業が様々な学校現場で認知され広がりをみせると，今度はマンパワーが足りないという問題が起こってくる。この事業（新しい支援の枠組み）を実施していくなかで，異なる領域の専門職（教員と支援者）が出会い，同じ方向を向いた支援を行うには，まず人が重要であることがわかった。教員から信頼を得て，さらに対等に生徒への対応を議論する際には，経験と理論に裏づ

けされた専門性を語ることができなければ，教員から信頼を得ることは難しい。教員では対応が難しいと自覚されているところで結果を出さなければ，毎日学校に常駐していない人材を教員が認めることは難しく，新しい枠組みや事業を進めていくこと自体が困難になる。

　先に述べたように学校現場では，1つの専門性だけでは対応しきれない場面が多々生じている。キャリアと心理を融合させたような支援が必要な生徒・若者を成長させながら支援ができる人材の育成には時間がかかる。ひとりの支援者が様々な領域への対応が難しい場合には，複数のそれぞれの専門家を揃える必要がある。また，その専門家をコーディネートすることも同時に必要となる。コーディネーターは個々の生徒の発達段階を理解し，今必要なのは心理的支援なのか，医療なのか，福祉かキャリア支援なのかを見立てられる力量が求められる。キャリアサロンは自由空間であるからこそ，個々の生徒の課題・ニーズを拾う力量がコーディネーターには求められる。継続的な支援となるよう複数年を見据えた予算の確保と体制づくりが急務である。人材育成についても，教育や支援を学んでいる大学生をOJTで育成し，継続的な事業としていく方法も有効だと考える。

　キャリアサロンでは様々な経済的階層，学力差もある生徒が来所し，ニーズも様々である。特に学力的にしんどい生徒への学習支援をサロンで実施するには限界があり，教員と役割を分担して対応していた。教員と互いの専門性を活かすことが大切ではあるが，教員も業務に追われており，対応にも限界がある。そうであるならば，大学生や地域資源を活用することをより検討すべきではないだろうか。

　この4年間の校内の支援構築の課題としては，スクールカウンセラーとの連携体制の構築とケース会議を開催するところまで至らなかったということが挙げられる。スクールカウンセラーと曜日が合わなかったこともあるが，第3節で述べたように，キャリアサロンに来所している生徒が継続してスクールカウンセラーとキャリアサロンを利用している生徒がいなかったことが要因だと思われる。また，生徒たちの身体症状がはっきりしている場合は病院に行くなどしており，心理的状態の意識化を避けている面もみられるため，スクールカウ

ンセラーの所へ足が向かない状態も見受けられた。

　ケース会議については学校によって，会議を実施することが有効的な場合と会議としてよりも，関係する複数人だけで頻繁にケースについて協議を行う方が有効的に働く場合がある。その校内の状況に合わせた支援対応をしていくことが，ニーズに対する支援効果を高めるために最も大切なことである。

【謝辞】京都市教育委員会をはじめ，学校現場の管理職を含めご協力いただいた教員の方々に感謝申し上げます。

【引用・参考文献】
内閣府・子ども若者・子育て施策総合推進室『若者の意識に関する調査（高等学校中途退学者の意識に関する面接調査）報告書』
http://www8.cao.go.jp/youth/kenkyu/school/pdf/hosoku/1-1.pdf（2014年9月1日　アクセス）
小野善郎・保坂亨編著［2012］『移行支援としての高校教育―思春期の発達支援からみた高校教育改革への提言』福村出版
厚生労働省・日本生産性本部［2012］『「高校中退者等アウトリーチ」ワーキンググループ報告書』

7章 教育的アプローチによる自立支援の課題
▶「子どもの貧困」問題を通して　　上原裕介・繁澤あゆみ

1 はじめに

　本書の全体を貫くのは,「大学全入時代」といわれる高等教育の大衆化のなかで,高等教育を経由してもなお職業的自立が困難な「ノンエリート」の若者たちに対する,教育的支援のあり方を検討することである。とりわけ「キャリア教育」としてかれらに何を伝え,どのように社会的自立を支援するのかということが,重要な課題である。
　ただし,教育の論理は決して万能ではない。広田がいうように,「『教育さえ変えれば』という無用の幻想を振りまかないためにも,教育の改善を通してできることの限界をきちんと設定し,明示することが必要」[広田,2007:18頁]である。学校と労働市場との接続のあり方,あるいは「学校から職業への移行」の不安定化が問題視されて久しいが,移行期以前の教育そのものが問われなければならない。その理由をさしあたり,ここでは2つ述べておこう。
　第1に,今日の日本では,子ども・若者の在学期間が長期化する傾向にある一方で,高等教育以前の教育が,重大な不平等を孕んでいる。高等教育はおろか,今や事実上の義務教育と化している高等学校でさえも修了できない子どもたちが,一定の層として存在する。
　第2に,教育実践には,それに参加する者たちの意欲や努力,将来への希望が欠かせない。その意味で,自らの職業能力を高めようと努力する「適応」の主体であれ,社会の不条理に敢然と立ち向かおうとする「抵抗」の主体であれ,それは自らの生きる道を見定めることのできる「強い個人」である。成長の過程で「主体」となることを阻まれ,意欲や希望を失わざるをえないほどの生活困難のなかで育った子どもたちに教育が果たせる役割は,きわめて限定的なの

ではないだろうか。

　こうしたことを如実に示すのが,「子どもの貧困」問題である。2009年9月,歴史的な政権交代の直後に政治判断で公表された子どもの貧困率（14.2%）が社会に大きな衝撃を与え,「子どもの貧困」は一気に社会政策の重要課題へと躍り出た。直近の動向を示せば,2013年6月の国会で,子どもの貧困対策推進法が全会一致で可決・成立し,2014年8月には「子どもの貧困対策大綱」が閣議決定されたところである。

　しかし,2014年7月に発表された「国民生活基礎調査」（2013年実施）によると,子どもの貧困率は16.3%と,さらに悪化している。ここで「貧困」の基準となっているのは,等価可処分所得の中央値の半分以下という「相対的貧困」であり,2013年国民生活基礎調査の算出基準を具体的に挙げれば,親子2人なら年収約157万円,4人世帯なら約222万円を下回る生活水準ということである。

　「子どもの貧困」と教育には深い関連がある。例えば,生活保護世帯の子どもの高校進学率の低さが挙げられる。文部科学省が公表している「学校基本調査」によれば,2012年度に卒業した中学生の高校進学率は約98.4%であったが,厚生労働省社会・援護局保護課の調べによると,生活保護世帯の中学生の進学率は約89.9%と,依然として8.5ポイントの格差がみられる。貧困・低所得層の子どもたちは,様々な生活困難を複合的に抱え,教育の世界からこぼれ落ちていく。ほとんどの場合,高等教育にまでたどりつけない。「子どもの貧困」は,まさに教育の機会均等を根底から揺るがす問題なのである。

　本章で使用するデータは,次の2つである。1つは,貧困・低所得層が集住する地域で働く小学校教員たちの,貧困観と教育実践に関するインタビューデータであり,「子どもの貧困」が社会問題化し始めた2009年度に採取されたものである。当時,「子どもの貧困」が最も表面化していたのは,間違いなく学校であった。では,「子どもの貧困」を,教師たちはどのように認識し,公教育システムのなかでどのように対処しようとしていたのであろうか。

　もう1つのデータは,「子どもの貧困対策」として実施されている,中学生の学習支援事業に取り組む実践者へのインタビューデータである。学習支援事

業は，生活保護受給者の増大と世代間連鎖への対策を急ぐ厚生労働省によって，2009年度補正予算から制度化された教育支援の中心的な施策である。全額国庫補助という国の強力な後押しにより，全国の自治体に広がりをみせており，公共施設などを会場に，「中3勉強会」などの名称で実施されている。運営は，NPOなどに委託されることが多く，委託先が大学生ボランティアを募集して実施している。このほかにも，自治体独自の事業や民間団体による自主事業としての学習支援事業も数多く取り組まれている。これらはいわば福祉サイドからの教育への参入といえるが，この施策は子どもの貧困対策の鍵としての機能を果たせてきたといえるのであろうか。

本章は，こうした「子どもの貧困」問題の検討を通して，自立支援としての教育の可能性と限界を考えていきたい。

2 学校でみえる「子どもの貧困」と教育実践

◉小学校調査の概要

本節で用いるのは，関西地方の都市部に位置するX小学校の教師たちに対するインタビューデータである。調査当時，X小学校は貧困・低所得層が集住する地域（以下，X地域と表記）にあり，不登校や児童の問題行動を多数抱える教育困難校であった。児童数は約300名で，教職員は約40名であった。

インタビューは2009年の12月に実施された。対象は，各学年主任（特別支援学級含む），生徒指導主任，養護教諭の計9名であり，男性6名，女性3名であった。主な調査項目は，「子どもが不利や困難を抱えていると感じる局面」，「それらに対する認識と対応」，「同じような生活状況にありながら学校現場で問題を抱える子どもとそ

図表7-1　小学校調査のインタビュー対象者

番号	年齢	性別	教諭歴	X校在職年数
1	50代	女性	28年	6年
2	20代	男性	5年	5年
3	30代	男性	4年	4年
4	20代	女性	5年	2年
5	30代	男性	5年	2年
6	30代	男性	8年	8年
7	50代	男性	34年	4年
8	50代	男性	28年	3年
9	50代	女性	29年	4年

うでない子どもの違い」,「今後必要だと考える支援」などであった。インタビュー内容は逐語化しコード化したうえで,カテゴリーに分類し,関連性を整理した。

●教師がみていた子どもと家族の問題現象
(1) 家族と地域の特殊性

X地域は,大規模公営住宅を抱え,貧困・低所得層が集住する地域であった。教師たちもインタビューで「生活保護率」,「援助を受けている家庭の数」に言及しており,X地域の特性を把握していた。このことは以下のように,かなりリアリティをもって語られている。

>「この地域は特別なところで,同じ低所得の人たちが集まり,うまく生きるための情報が飛び交う」
>「学年に限っていえば,32人中,給食費を払えるのが5人くらい。あとの26,7人は保護を受けていると思います」

また,子どもの保護者の多くが不安定就労であることも,教師たちは認識していた。具体的には,父親は土木関係やトラック運転手といったブルーカラー労働者であり,母親は夜の仕事やパート勤務が多いということであった。なかには,「ヤクザ関係」の仕事をしている保護者がいることも語られていた。

さらに,精神疾患をもつ保護者が多いことに加え,「犯罪」や「夜逃げ」といった事態にも言及されていた。以下の語りは,象徴的なものであるとともに,衝撃的なものでもある。

>「『おばちゃんがパクられはってん』って(子どもが)言うんです。『何パクられたん?』って聞いたら,『いや,違う。おばちゃんが,パクられはってん』って。『警察行ったんや』って。『これ,やらはってん』って注射のマネするんです。小学1年生の子が」
>「2年生の子で,一度,児相(児童相談所)に預けられて,お父さんが再度覚せい剤で捕まって,子どもがまた児相行くというような状況の子どもとか。その前は,お父さんをお母さんが振り払って子どもを連れて夜逃げするケースとか」

教師たちは,X地域の子どもたちにとって「将来のモデル」となるようなおとなが少ないということを問題視しており,それが貧困の世代間連鎖を帰結す

る大きな要因であると捉えていた。

「5, 6年生で, 仕事についてや, 経済や社会について考える取り組みを（授業で）してきたんやけど, 女の子でわりと学力の高い子でも, お母さんに『あんたは女の子なんやし, お嫁さんになったらいいんやし, 仕事なんてええんちゃう』って言われてたり, 『ローソンでバイトしたらいいわ』って言われてたりとか」

さらに, このような「将来のモデルの欠如」は, 貧困・低所得層の集住がもたらすところが大きいというのが, 教師たちの見方であった。

「低所得の人が集まるようになって, 必然的に似たような家族が集まるようなシステムや構造になっていますよね。親戚の人たちもみんな身近にいるんですよ」
「ここの地域の外で生活することや社会性に, 不安があるんかなぁ。この地域のほうが居心地がいいんでしょうか。みんな（保護者の）兄弟が同じ学区に住んでるんです。外に出て行っても帰ってくるって（保護者自身や他の教師が）言ってました」

また, 若年出産などの理由から, 年齢が若い保護者が多いのも特徴的であった。その保護者たちを「自分の都合を優先してしまう」,「子どもへの関心があまり高くない」と捉える語りが, 複数の教師にみられた。また, 生活保護に対する抵抗感が失われているケースなど, 社会的なモラルに関する言及もみられた。

さらに, 子どもが学校で必要なものが揃えられない反面, むだな出費が多い家庭や, ギャンブルでお金を使い果たす保護者が多いと嘆く教師もいた。

「なぜかピアスとかはいっぱい付けてオシャレはするけれど, 肝心な朝ごはんは（子どもに）与えられてなかったり,（子どもの）生活は見てくれてるのかと思いますね」

そして,「何かあったら学校の責任が問われる」,「学校の言うことに耳を貸してくれない」など, 保護者対応への苦労も多く語られた。
また, 子ども自身も, 保護者や兄弟から日常的な暴力や暴言を受けていることが多く, そのため, 学校内でトラブルが起こっても, 家庭への連絡を嫌がる子どもが少なくなかったという。児童相談所に通告されているケースが児童全体の1割を占めるなど, 虐待の多さも問題視されていた。

実際の生活の様子でいえば，教師たちが家庭訪問などを通して見聞きする子どもの住環境がよくないことが語られていた。ある教師は，家庭訪問の際，家の中がひどく散らかり布団も敷きっぱなしの状態であったと語っていた。さらに，それが「エレベーターの汚さ」など共用スペースにも及んでいるという指摘もあった。

　これに関連して，子どもたちの生活習慣の乱れも数多く報告されていた。具体的には，保護者が朝起きていないため朝食をとれない，外食が多い，身体の清潔が保たれていない，入浴の習慣がない，保護者の外出に連れ出され深夜に帰宅する，などであった。また，偏った食生活がうかがわれる様子も報告されていた。

　「お菓子とかは食べるのに，『食べられへん』ってブドウとか食べないんですよ。給食で食べない子がいます。この学校に来てびっくりしました」

（2）子どもたちの行動や言動

　次に，子どもたちが学校で見せる行動や言動に関しては，「攻撃的で汚い言葉遣い」，「語彙が少ない」，「場に応じた言葉が使えない」などが特徴として挙げられていた。また，「強い者が弱い者を従える」，「男尊女卑」といった，パワーに関する価値観が子どもたちに浸透していることも，教師たちは問題視していた。

　「子どもたちの言葉遣いは問題ですね。『ボケ』『アホ』『消えろ』『死ね』『殺すぞ』は，日常茶飯事ですね」
　「叩かれても言い返せない，っていう力関係があります。上に立つ子が必ずいて，そういう子には（弱い子どもは）逆らえない」
　「男尊女卑。今どき珍しいけど，女の子を蔑むような。でも，そのぶん逆に，女の子に手出したらアカン，みたいなね」

　さらに，「物事をその場限りで捉える」，「教師の指導に反発する」，「したい時にしたい事をする」，「周りに流されやすく自主性が弱い」，「物を粗末に扱う」，「時間の感覚が身についていない」など，行動面での粗さが数多く挙げられていた。

> 「とにかく我慢ができない。待てない。じっと何かを受け止めたりすることができない」
> 「鉛筆を持ってないから貧困というよりも，買い与えてもらってても，それを粗末に扱ったりということの方が目立ちますね」
> 「気をつけなきゃいけないのは金曜日で，何かトラブルがあって，僕らが分からないまま帰してしまうと，土日で何をするか分からない。金曜日はだいぶ気を使って帰します」

しかし，その反面，子どもに「満たされない想い」を垣間見ている教師もいた。この教師は，子どもに少し手をかけただけで，思いがけぬ効果があったことを報告している。

> 「この学校に来て，自分の子どものちっちゃい時の，アンパンマンの描いてあるタオルを持ってきて涙ふいてやったら，もうそれだけで喜ぶ。すっと泣き止む」

なかでも，X小学校の子どもたちが抱える生活困難を背景に，学校で顕著に表面化している現象として教師たちが挙げたのが，「遅刻」，「不登校」といった登校の乱れや，「低学力」の問題であった。

> 「遅刻の中でも9時までに来る子はだいたい全校の中で20人。それからの子も合わせると30人くらいになります。去年はもっと多かった。40人以上」
> 「週に1回は休んでいる。全員揃ってる日は，週に2日かな」
> 「学力テストなんかではここは全市の1番最後やったんですわ。最後っていっても本当に最後も最後で，差をつけられての最後だったんですわ」
> 「クラスの半分以上が授業中に教室に入らんと隣のクラスの邪魔しに来たり，いろんなとこで遊んだり，何人か先生がそっちに（手間を）とられて，言うても聞きませんがな」

以上のように，教師たちが捉えていたのは，不安定な生活基盤のなかで，場合によっては犯罪や虐待などの暴力に巻き込まれながら育っている子どもたちの姿であった。そして，「他を知らないからここでの暮らしを当たり前に感じてしまう」という環境適応や貧困の世代間連鎖がまさに起ころうとしている局面に，日常的に立ち会ってきたといえるだろう。

教師たちは，このように貧困・低所得層が集住するX地域や，そこでの子どもたちや家族の暮らし方を「特殊」であると感じていた。こうした教師たちの

語りは、一見すると、特徴的な生活スタイルやモラルの低さを問題にする「貧困の文化」あるいは「アンダークラス論」的な捉え方であるようにもみえるが、実はそれほど単純なものではない。次にみるのは、教師役割・学校役割をどのように捉えているのかというデータである。

●教師役割・学校役割の捉え方
（1）家庭への介入の困難さ

まず、教師たちからは、「生活のことは仕方がない」、「親の意識まで変えることは難しい」といったように、家庭への介入の困難さが語られていた。また、保護者にも子どもにも生活のことは聞かない・聞けないという表現も多く、結果的に、「家庭の詳しい経済状況はよくわからない」という状況を招いていた。一方で、「親も大変だと思う」と、保護者の苦労に一定の理解を示す語りもみられた。

「生活のことはなかなか聞きにくい」
「そこ（未納）はやっぱ言いにくいね。でも言わなあかんしな。難しい」
「直接私たちが聞くと、『別に』『何にもない、何にもない』『知らん』としか言われないですね」

それでは、教師たちは、先に挙がっていた「遅刻」、「不登校」、「低学力」といった表面化した課題以外で、どこに生活困難の要素をみていたのだろうか。教師たちから挙がったのは、子どもの服装や持ち物などから経済的困難を具体的に感じ取ることは少ないという語りであり、なかにはむしろ家庭での「お金の使い方」や「教育力」によるところが大きいのではないかという見方もあった。

「貧困っていうのは、普段はそんなに感じない。持ち物とかで大変なんやなとかいうのもあんまり感じない」
「経済的にしんどいからこの子がしんどいっていうのは、どうなんですかね。関係は、ほんまはあるんでしょうけど、あんま関係ないんじゃないかな」
「環境でだいぶ変わると思う。経済的なしんどさが、すぐこの子のしんどさに繋がってはいない」

「子どもは周りのおとなの言動やテレビの影響，そして友達関係の中からもまねすることもあると思う。〔中略〕環境の中でもどこが一番大きいというと，地域，家庭やと思うね」
　「ぶれてないというか，確固たる自信を持ってはる親の子は，やっぱりちゃんとしてるんかな」
　「物理的な面では貧困を感じないかな。ただお金のかけるところを考えてほしい」

　このような捉え方は，「子どもの貧困」が当時まだ具体的に想像されにくい問題であったことが大きく影響している。そのため，子どもの養育についても「家庭でもう少し何とかできるはず」という意識が，教師たちには強かった。
　それは，学校で学用品を用意し，子どもたちに貸し出していることに対する違和感を示す以下の語りに象徴的に現れているといえるだろう。

　「こっち（学校）が用意すると，借りるのが当たり前になってくる。悪循環なんですね」
　「体操服に関しては，本当にこれでいいんかなと思うけど，（子どもたちに）貸さないと見学が続くしね」

　教師たちは，子どもたちの家庭背景を「しんどい」と認識しながらも，各家庭の具体的な経済状況や生活状況までは把握していなかった。また，子どもたちの服装や持ち物から生活困難が読み取れなかったこともあり，各家庭が子どもたちに費やす「余力」が本当はまだ残っているのではないかと捉えていたのである。

（2）教師の指導力と統率力

　それでは，とりわけ教師役割・学校役割として認識されていたのは，いかなることであったのか。それは，「子どもたちの荒れを防ぐ」，「しっかり指導する」という，教師の指導力と統率力の強化であった。そこに少しでも綻びが生じてしまえば，下の学年にも影響が及んでしまうという懸念もあった。

　「パワー不足な教師がいると，子どもたちに足元みられてしまう」
　「下の学年はしっかり見てるから。そりゃあもう，『あの学年は許されてる』ってなるからね」

　一方，教師たちは子どもたちが不利や困難を乗り越えようとする力をもって

いることや，きちんと手をかければどの子も伸びるといったように，子どもの成長の可能性にも言及していた。そのため，教師たちに最も意識されていた指導は，子ども自身に気づかせ，力をつけさせるような指導であった。「おとなのモデル」としての教師役割，という認識もみられた。

> 「そんな（不利や困難の）中でも頑張ってる子どもらを見たら，すごく立派やなとも思うんですよね」
> 「表には出してないけれども，頑張って来とんねんな，色々抱えながらも頑張ってきているんやなと思う部分は多々ある」
> 「もっと手厚くケアしてもらえてたら，この子は素直に伸びる」
> 「子どもに，『正しいのはこうなんやで』っていうのを知らせていくことが大事なんだと思います」
> 「子どもたちにやりきらせることが大切」
> 「先生は先生だよっていう。（中略）みんな（子ども）にとって，理想やけど，こんなおとなもいるって思ってもらいたい」

ただし，実際には，子どもたちにできるだけ手を尽くしたいという意識がありつつも，「やることが多くて十分に対応できない」，「子どもひとりひとりと向き合えない」，「学校ではどうすることもできない」というジレンマを示す教師も少なくなかった。また，それが結果として子どもたちの「荒れ」として表出してしまった場合は，「教師の力量不足」の問題とみる語りもあった。

> 「子どもたちのことを細かいところまで見てたら，授業が出来ない状態。やることが多すぎる」
> 「ここの取り組むべき課題は，すでに教師のキャパシティを越えています」
> 「子どもが授業中に『うんこ』って言うのは，私の責任やと思うから。その子があかんとか思わない」
> 「クラスの課題は教師です。私にはパワーがない」

さらに，学校固有の役割として，学力保障や授業の充実が最も重要であるとする語りもみられた。X地域の特殊性を踏まえた「特別な実践」が必要だという語りは，例外的な少数意見であった。

> 「学力が一番大事かなって思って取り組んでいます」

「何よりも授業をきっちりと成立させることが本当に重要」
「地域や家庭に合わせて学校がそれを補う役割だと思います。この学校であれば，（朝）起こす電話をする，迎えに行ってあげる，学用品を学校や先生が用意してあげるとか，そのへんかな」

そして，教師たちが最も望んでいた制度的支援は，「学校内の人手を増やすこと」や，そのための予算措置であった。これも，あくまで学校内部での教師による対応で完結させることを念頭においた認識であるといえる。

「しんどい学校なのに重点配置がされていない。配置してほしい」
「教師は新卒採用ばっかり。中堅が来ない。中堅を入れてほしい」
「ここは本当に特別な場所であり，地域だから特別なことをしなければではなくて，市がこういう地域を作ったんやから，市が責任を持つべき」

以上のように，教師役割・学校役割に関する教師たちの捉え方は基本的に，「学校本来のあり方を守る」という方向でまとまっていたようにみえる。そこで強調されていたのは，指導力や統率力といった教師の本来的な力量であり，X地域固有の特殊性に対する言及は後景に退いてしまっていた。では，このような捉え方は，どのような実践を導き出し，それはどのような意味をもつのか。最後にこの点を確認していく。

● 「脱文脈化」としての教師たちの実践

まず，教師たちは，家庭には介入困難と表明しながらも，実際には頻繁に家庭訪問を行っていた。場合によっては，「夕方5時に行って，帰ってくるのは深夜1時」というように，長時間に及ぶこともあったようである。ほかにも，不登校やトラブルのあった子どもに関しては，家庭訪問を週2日行うという語りもあった。ただし，ここでもやはり，子どもの行動の背景にある家庭環境や保護者の想いといったものに深く踏み込むことは少なく，あくまでも子どもへの指導の一環としての家庭訪問であることが語られていた。

また，教師たちの実践に関する語りには，「6年生は距離をおいて見守る」，「気になる子には個別に声をかける」というように，学年や子ども個人の状況に合

わせてある程度柔軟に対応している様子がみえつつも,「断固として言いきる」,「一貫した指導」,「おさえる」といった強い表現が多用されていた。

「指導では，断固として言いきるようにしています」
「手を出した子に対しては，相当きつく言います」
「『我慢しい』って言ったら，（子どもは）我慢できます」
「卒業させたら終わりではなくて，3年後の子どもらを見据えて取り組んできました」
「言葉遣いの対応は，子どもに言い直させるようにしています」

以上，教師たちがみていた子どもの生活困難の諸相および，教師役割・学校役割の捉え方，そしてそれに基づく教師たちの実践をみてきた。教師たちは，家庭訪問で地域を歩き，家の中に足を踏み入れた際，あるいは子どもたちの行動や言動の数々から，X地域の文化的・経済的な文脈を強く実感しつつも，それは教師の指導力・統率力や学力保障の取り組みがしっかりしていれば問題にならないはずであると捉えていた。子どもたちが抱える生活困難の様相をいったん認識しつつも，そこから脱却して教育実践を組み立てるという意味で，「脱文脈化」といい表すこともできよう。

冒頭で示したように，X地域は大規模公営住宅を抱え，貧困・低所得層が集住するきわめて「特殊」な地域であり，生活保護率・就学援助率の高さ，際立って低い学力の状況など，それは客観的な数値としても如実に現れていた。教師たちも，それを事実として認識していた。にもかかわらず，自らの教育実践や学校役割にその「特殊性」を持ち込むことはなかったのである。

もちろん，そこには，公教育システムという巨大な前提が存在していたことはいうまでもない。しかし，今回用いたデータからいえるのは，「貧困」に対する教師の認識の弱さと，「荒れ」を別にすれば，学校で起こる様々な現象の背景に「貧困」を読み解くことができなかったことである。ただし，これは教師の力量の問題ではない。教師たちが目にする現象や情報に埋め込まれている「意味」を読み解くための資源や仕組みが，学校という場の中で絶対的に不足していたのである。

繰り返しになるが，このデータは2009年度のものであり，社会全体の「子どもの貧困」認識が現在よりも未成熟であったことを忘れてはならない。した

がって次に問うべきは,「子どもの貧困」が社会問題へと一気に躍り出たその後の5年間で,教育のあり方がいかに変化したのか・しなかったのかということである。次節では,福祉行政による学校外部での教育支援という新たな施策について検討する。

3 「子どもの貧困対策」としての学習支援事業

●学習支援事業調査の概要

本節では,「子どもの貧困対策」として取り組まれている,学習支援事業の担当者のインタビューデータを用いる。前節では,公教育システムとしての学校における教育実践を「脱文脈化」と捉えたが,学習支援事業は個別の福祉ケースを対象にしており,子どもたちの特別な事情に対応した教育支援を図る施策であるといえよう。

インタビューは,2014年7～8月にかけて,関西地方2名,東海地方1名の3名に実施した。3名の事業における役割は,事業全体の企画・進捗管理,行政との連絡・調整,保護者からの問い合わせ対応,会計事務など,多岐にわたる。また,学習支援の場を取り仕切り,子どもたちとの直接的な関わりや大学生ボランティアのコーディネート,ミーティングの切り盛りを担う,現場の「マネージャー」でもある。

主なインタビュー項目は,学習支援事業にどんな子どもが参加しているか,何を目的としてどのような支援を行っているか,団体の内部でどのようなこと

図表7-2　調査対象者の基本属性

番号	職業	性別	年齢	学習支援事業の形態	経験	学歴
1	NPO法人職員	女性	26	国庫補助事業 自治体の自主事業 NPO法人の自主事業	5年以上	私立大学社会福祉系学科卒業,社会福祉士資格あり
2	団体職員	男性	24	国庫補助事業	3年	私立大学経済学部卒業,教員免許あり
3	大学生	男性	22	自主事業（生活保護・児童扶養手当）	2年7カ月	私立大学教育学科在学,教職課程受講

が議論になるか，学習支援事業で工夫していること，学習支援事業で困っていること，「子どもの貧困対策」について思うこと，であった。

●子どもが抱える複合的な困難

学習支援事業には，経済的事情だけでなく，様々な困難さを複合的に抱えた子どもが多く参加している。特に一人親世帯の多さはどの学習支援事業にも共通しているが，保護者が統合失調症などの精神疾患をもっている場合は，親子関係が非常に不安定であることが語られた。

「母親は勉強させたいと思ってはいるんですけど，むしろそれが過剰すぎて，子どもがプレッシャーを感じて拒否反応を示している」

このようなケースでも，子どもは保護者の精神状態を気遣って反抗することができず，そのストレスを学習支援の場で爆発させるという。ほかにも，学習障害の診断が下りている子ども，医師の診断は受けていないものの軽度の発達障害が疑われる子どもなど，子ども自身の障害についても多く触れられた。

また，保護者の精神疾患に限らずとも，家族内に生じている軋みから強いストレスを抱えている子どもも少なくない。例えば，特別支援学級に通う他の参加者への差別を煽る行動が見られる女子生徒のケースである。

「兄妹で通われているんですが，お兄ちゃんは喫煙行動があって，学習にはあまり取り組まず，ガム噛みながら外に出て行って，学生スタッフとサッカーをやっているような子」

その反動もあってか，同居する祖母がこの女子生徒を厳しく躾けている様子が見られ，ストレスのやりどころがない状態であることがうかがえるという。

「自分はちゃんといい子で学校で過ごさないと，怒られるし，学校のみんなが困るから，って言っていて。クラスで中心的な役割にある私がそういう態度を取ったら，みんなが困るんだ，って」

また，DVから逃げてきた母子が，生活保護を受けて学習支援事業につなが

る，というケースも少なくない。この場合，学校に通えなかった期間があり，学力のまとまった欠落がみられる。さらには，父親が暴力団関係者で服役中，というケースもある。そして，前節でみたように「力でおさえる」ことのできる小学生とは異なり，暴力・犯罪のなかで育った中学生には，粗暴な行動がみられるようになる場合もある。校内での対教師暴力，多数の異性との性行動や恋愛トラブル，非行グループへの参加，などである。

さらに，母子生活支援施設[1]に入所している子どもの場合は，職員体制の問題もあってなかなか十分なケアが行き届いていないことが多い。退所またはショートステイに切り替わった後でも，今度は母親からの身体的・心理的虐待やネグレクトが始まる場合もあり，「どうせ辞めるんだから高校なんか行かなくていい」など，高校進学が親によって否定されたり，高校受験のために必要な手続きをしてもらえなかったりすることさえあるという。

このほかにも，そもそも学校での支援が十分に行き届いていないままに学習支援事業につながっている例として，外国籍の子どものケースも挙げられた。

「本人は日本語は喋れるんですが，中学1年生で掛け算ができない。漢字も難しくて，国語だったり文章題も難しい」
「落ち着きがない子で，席に座っている時間が長く続かず，外に出てしまったり，教室の中をいろんな子を構いながら，立ち歩くことが多くあって」

そして，生活が不安定な子どもは，精神的な不安定さもみせることが多い。特に父親による暴力のなかで育った子どもは，男性に対するきわめて強い恐怖心や拒否反応をもっている。父親やその関係者が服役中である場合でも，いつ出所するかわからず，「みつかるかもしれない」，「どこかでみられている」という不安と常に隣りあわせであり，行動範囲は制限され，恐怖のなかで隠れるように生きることを強いられ続ける。このような壮絶な生活を強いられてきた子どもは，親や教師，施設職員など，周りのおとなに心を閉ざし，「信頼できる・頼れる大人はいない」と語る傾向にあるという。

また，学習支援事業に参加する子どもに全体的にいえる傾向として，様々な抑圧からくる強いストレスを発散させるために，大学生ボランティアに対する「死ね」，「あっち行け」，「キモイ」などの暴言が日常化していることが語られた。

この点は，小学校調査とも一致する。

さらに，例えば「とにかく高い給料がもらえる仕事に就ける資格の取れる高校に行きたい」と短絡的な展望を語ったり，進路希望が二転三転したりと，具体的で現実的な進路戦略を描けないケースについても語られた。

学習支援事業に参加する子どもたちは，様々な生活困難を複合的に抱えている。そしてそれがストレスや精神的不安定を引き起こし，問題行動や攻撃性として表面化するとともに，場合によっては自分の将来展望を描くことさえも阻まれていくのである。

●学習支援事業の理念と工夫

学習支援事業の場では，子どもが勉強を強制されることは基本的にない。「勉強面での見立てはしない」とか「子どもがやりたいと思ったことを応援する」などの語りがみられた。また，落ち着いて勉強に取り組めず，立ち歩いたり外に出たりする子どもの行動も否定せず，大学生ボランティアが付き添って，子どもたちの行動の背景を理解することが試みられている。

一方で，「学習支援事業」と謳っていることもあり，勉強へのゆるやかな誘導も，試行錯誤のもとで常に取り組まれている。よくみられるのは，遊びから勉強への誘導である。

「サッカーで仲良くなったら，次は少しだけ勉強も提案してみよう」
「せっかく来たから10分だけ勉強もして，それからゲームしよう。まずはそれで十分」

さらに，教材に工夫を施している事例も語られた。大学生ボランティアの自作による「使ってみたくなる英語」のプリントである。

「例文も，メアリーがケンをベッドに誘うときに何て言うか，とか，昨日お前どんだけ酒飲んだの？とか，子どもたちが使ってみたくなるようなやつを考えて作ってます」

逆に，「生徒と一緒に学習計画を立てることは一切しない」ということも語られた。それは，学習習慣が確立していない子どもに学習計画を立てさせたとしても達成できない場合が多く，「どうしてできなかったの？」と責めること

になってしまうためである。このように，学習支援の場では子どもが否定的な言葉をかけられる原因となる要素が，できるだけ取り除かれている。

　加えて，現実的な戦略として，学校に「提出物」を出すことの重要性を子どもに伝える工夫についても語られた。子どもたちは，いわゆる「内申点」において「提出物」がもつ意味の大きさを知らない，あるいは軽くみていることが多いため，「要領を得ること」，「損をしないこと」という視点から取り組まれている。「答えを写してでもいいから，提出して堂々と学校に行ってほしい」という言葉もみられた。

　学習支援事業において，勉強は，その子どもに合った進路実現のために必要であると捉えられている。そのために「できる・わかる」という経験は重要である。実際に，高校進学後に大きく変わった子どもの事例が語られた。また，進学先として，その子どもが卒業までたどりつける可能性の高い条件の学校にマッチングすることの重要性も指摘されている。

> 「そんなに学力高い高校じゃないんですけど，テストの点数が軒並み上がったんですよ。自分からテスト持ってきて，実際に70点，80点取ってるんですよね。中学のときは20点，10点だったのに。喜びを表現したいし，伝えたいんでしょうね。学習支援と謳っているので，学力が伸びる，成績が上がるということは，ひとつのツールではあり続けていてほしいなとは思いますね」
> 「これまで見てきた子の中に，高校入ったけれどすぐ中退するっていう子はたくさんいましたからね。せめて学習支援と謳っているのであれば，そこのマッチングちゃんとしなきゃと思いますね」

　また，精神的な不安定さをみせる子どもについては，まずは安全・安心の場になることが目指されている。他者との関わりを拒む傾向にある子どもでも，他の子どもと日時を分けて受け入れるなどの対応をすれば，「誰の目にも触れない」との安心感から，支援の場につながり続けることができる。おとなへの不信感が強い子どもに対しても，まずは安心して参加し続けられる場所になることが目指されている。

　そのうえで，「怖くて自分を出せない」子どもに「一回鎧を脱がす」ような，「ありのままの姿を引き出す」ための働きかけが行われている。本音を吐き出

せること，苦しいときに苦しいと言えること，子どもらしく甘えられる場であること，などが価値として重視されていることがうかがえた。

　子どもの攻撃性について対応を工夫していることを語るマネージャーもいた。実際に身体障害があり車椅子に乗っているボランティアや，聴覚障害のあるボランティアがいるため，「ガイジ」，「キチガイ」などと差別的な発言をする子どもに，「障害とは何か」を丁寧に話すように試みているという。また，暴言を吐く子どもへの対応として，「言われた本人に攻撃性が向いているので，その二者関係で対峙しても仕方ない」との考えから，その場に自分が第三者として居合わせたら何と声かけをするかを考える研修を行っているとも語った。

　このように，様々な配慮や工夫が行き届いた空間で，子どもたちは次第に弱い部分や進路への不安をみせ始めるようになる。たとえ短絡的な進路希望が語られたとしても，将来の話をするまでの信頼をおとなに寄せられたことが，学習支援事業では非常に重要な変化として肯定的に捉えられる。

　また，保護者とのつながりを重視しているマネージャーは，保護者面談を定期的に行うことで，保護者の孤立した子育てを防ぎ，親子の二者関係に閉じられてしまうことで生じる緊張関係を緩和している。

　さらに，子どもに対するこうした一連の工夫が，学習塾費用の公的補助では実現できないと考えるマネージャーの語りもあった。学習支援事業は単に学力向上や受験対策だけを目的にしているわけではないという自己規定は，学習支援事業関係者の間で広く共有されているものである。

>「学力を伸ばしたいというデマンドを持っている子どもあるいは家族がいて，そのデマンドに学習支援の場は応えられないと。そこでバウチャーとか塾，プロに教えてもらうことの方が適している，という考え方は，一定なんとなく分かるんですけど，バウチャーや塾で子どもが救われる・適している，というイメージが持てないんですよね」

● 学習支援事業の課題

　しかし，学習支援事業には，運営面での様々な課題もある。
　まず，これまで挙げられてきた学習支援事業の運営理念は，実のところ様々

な関係者のなかで共通理解を得られているとはいいがたい。子どもたちに最前線で向きあう大学生ボランティアからは,「もっと勉強させなくてもよいのか」という意見が出ることが多いという。

> 「実際に一生懸命子どもたちと関わって勉強を教えているからこそ,たとえば『この子この高校行きたいって言ってるけど,この学力ではきつい』というのが見える。だからこそ余計に勉強させたくなる。それは,すごい分かるなと思うんですよね」

また,子ども同士の不公平感もあり,「あいつにもっと勉強させなあかんのやないか」というように,個別的対応を徹底すればするほど,場としての一貫性が崩れるというジレンマも語られた。さらに,勉強を強制しないスタンスに対する保護者の理解を得ることが難しい場合もあり,「あそこに行かせていても仕方がない」と,子どもが親から学習支援の場に行かせてもらえなくなるパターンもあるという。

次に,学習支援事業そのものの孤立である。例えば施設で暮らす子どもが参加している場合,多忙で余裕のない施設職員と子どもの情報を共有する機会は,こちらからアプローチをかけてもなかなか巡ってこないという。また,ボランティアのみで担われている事業の場合は特に,福祉事務所や担当部局との連携が十分でないことが語られ,子どもの全体像がつかめないということに,マネージャーたちは困難を表明している。

> 「(市役所との)日常的なやり取りはほぼないです。個人情報の問題とかあるんでしょうけど,ケースワーカーとつながったことがないです」
> 「ボランティアの現場である僕たちが介入できるところではない」

そもそも,学習支援事業は週に1度,数時間の開催でしかなく,直接的に見聞きできる情報は大きく限定される。そのため,外部からは「勉強の場」という意味以上の扱いを受けることは少なく,重要な場所とはみなされにくい実態がある。

> 「他の6日間＋その日の24時間のうちの22時間を,どんな表情で,どんな場所に居て,

どんなことを感じているかというのを，子どもたちの語りでしか，週に2時間でしか見れないんですよね」

　さらに，学習支援事業は教育行政ではなく福祉行政の範疇で制度化されたものであるため，学校との個人情報のやりとりは行われないことがほとんどである。マネージャーたちは，この点を非常に大きな課題として捉えている。

「特に学校での様子が全く分からないですね。学校での様子が見えないと，方針がつくれないんですよね。子どもの全体像がなかなか見えてこないのが一番しんどいんですよね。こっちも，子どもたちに関わる引き出しがたくさんあっても，どれを使えばいいのか，分からなくなるので」
「学校の対応がぜんぜん見えない。けど，NPOが話し合いに行く筋合いもないので，もどかしいですね」

　さらに，マネージャーの専門性についての言及も見られた。

「こっちがずっとやってあげられるわけじゃないから，自分で生きていけるように，いろんな線を残しておかないと。（中略）何かやってあげるだけじゃなくて，（他の社会資源に）つなげなあかん」
「ボランティアコーディネート機能を持ちつつ，ソーシャルワーク機能も持ちつつ，勉強の教え方についても識見を持つ人」

　以上のように，「子どもの貧困対策」を目的に学習支援事業を展開する3つの団体は，十分に支えきれないまま網の目からこぼれ落ちていく子どもたちの存在に，重大な関心を払っている。しかし一方で，学習支援だけでは対応しきれないような複合的な困難を抱える子どもたちに対する支援を考えたとしても，それは制度化し尽くされないのではないかという疑問もみられた。

「それは制度に乗せられるものか，とは思いますね。仮に作ったとしても，漏れてしまうと。すべて施策化されうるのだろうか」

　制度化は，支援内容を限定するとともに，対象の選別機能を伴う。この点に関して，別のマネージャーは，自らの実体験を踏まえて以下のように語っている。発達障害が疑われ，引きこもり状態にある妹を連れ出して，ある相談機関

へ訪れたときのことだという。「妹さんには働く意思がないので，ここでは受け入れられません」と対応されたという。

「やっぱりそういうことなのか，って。社会的な場所って，対象がちゃんと決まってんねんな。こっちは，（本人の）危機感がないから困ってるのに。働く意思がないからこそ困ってる。（本人が）自分のために動けないから困ってる」

最後に，3名からは「貧困の連鎖を断ち切る」という学習支援事業のイメージに対する疑問も語られた。

「本当は勉強したいと思ってて，勉強する場があれば僕らは頑張れるんだ，みたいなのはちょっとおかしいと思う。みんなが"本当は学びたい"んだったら，別に何も問題ないと思いますよね」
「チャンスが広がる，可能性が広がる，それはええことやとは思うんです，もちろん。でもなんで努力できないのか，どうして意欲をその子は失ったのか，そのことに想いを馳せてほしいなと」
「（貧困世帯の子どもの学習を）自己責任論で返してしまっているじゃないですか。（貧困を克服する機会としての）教育を拡充させるために学習支援の場があって，それを（子どもや保護者に）明示して，それを活用して子どもたちが"成り上がる"ことを手伝う。だとしたら，成り上がれなかったら子どもたちの努力が足りない，それは自己責任なのか。それか，僕たちの支援の問題（にされてしまうこと）なのか」

以上のように，学習支援事業は，可能な限り「排除」や「否定」の要素を取り除いた形で展開されてきた。それでもなお，すべての子どもたちを教育へと包摂することはできておらず，外部との連絡・調整や連携の体制も十分とはいえない。結果として，受験競争における「アンフェア」の補完にとどまるばかりか，競争の結果に対する自己責任を強化するという逆機能さえ果たしうることが示唆されている。

学習支援事業の孤立が問題視されるのは，学習支援のみで子どもたちを支えきれないことの裏返しでもあり，学習が成立する以前の困難さに対し，どのような施策や実践が求められるのか，今後の大きな課題である。

4｜教育の限界をどう超えるか

　本章では，「子どもの貧困対策」における教育的アプローチについて考察してきた。「子どもの貧困」が社会問題化するなかで，最も社会的・政策的な関心を集めたのは学力格差や進学格差という「教育的不利」であった。だからこそ，教える―学ぶという教育的アプローチを通じて，自立を阻むものとしての貧困を克服する機能が強化されてきたのである。しかし，そこには限界がある。なぜなら，「子どもの貧困」は様々な不利や困難が複雑に絡み合った問題であり［浅井・山科，2009］［小西，2009］，少なくとも「教育的不利」にとどまるものではないからである。「子どもの貧困」という言葉がひとり歩きすることを危惧する松本は，「「子どもの貧困」という特別な貧困があるわけではない」ことや，「貧困は他の社会的不利と相互に規定的な関係にある」ということを繰り返し強調しているが［松本，2008；2013］，これらはきわめて重要な指摘である。幼少期から成人期に至るまでの「社会的排除」のプロセスとして，子どもたちとその家族の不利や困難をひとつながりに捉えることが必要である。排除の連鎖や複合的な困難が問題であるとすれば，そこから本人の「意欲」や「努力」の要素のみを取り出して「乗り越える」，「成り上がる」ことを支援するだけでは不十分である。むしろ，教育は社会問題の解決に「直接的な効果」を上げない施策だからこそ，政策的に重視されているという指摘さえある。個人の選択と競争を重視する自由主義的改革のもとで，「責任」を個人に帰すために決定的に重要なことは，教育の機会が形式的に開かれていることなのである［高橋，2012］。このことは，何らかの問題を抱えた個人に働きかけ，エンパワメントを図ることによって社会に包摂しようとする，あらゆる自立支援にあてはまる構図である。

　エンパワメントモデルの自立支援では，個人の力を高めることによって問題を「乗り越える」という気概や意欲をもった者以外は，自然とこぼれ落ちていく。それは「条件付きの包摂」であり，しっかりと「排除」の機能が働いている。確かに，「包摂」的な施策といえども，他の諸施策と異なる原理で構成されるわけではない。意欲や希望さえももてない者は，救済に「値しない存在」

と識別され，同時に「いないもの」として扱われる［西澤，2005］。「どの子も本当は伸びる」，「どの子も本当は学ぶ意欲を持っている」という言い方は，学ぶことからこぼれ落ちていく子どもたちの存在を隠蔽してしまう。

　こうした教育的アプローチの限界を実践的に超えるためには，それ自体の量的な拡大よりも，他の様々なアプローチと組み合わされることによる質的な変革こそが必要であろう。排除の連鎖による複合的な困難を読み解く「眼」を養うには，必然的に，領域横断的な「協働」，「連携」が求められる。

　「子どもの貧困対策」の例でみたように，学校の取り組みにせよ学校外部の取り組みにせよ，それぞれの実践が自己完結することは，排除の構造を多角的に読み解くことを阻んでしまう。しかし，子どもたちの「意欲」や「希望」を育む土壌としての生活基盤そのものが弱体化している，という点に気づくことができれば，「孤軍奮闘」から「開かれた実践」へと展開する可能性を掴むことができるだろう。

　例えば，関西地方のある中学校区では，「開かれた学校づくり」をめざす中学校に呼応してNPO・社会福祉協議会・青少年施設が共同発起人となり，有志の地域住民の参加を促し，学校連携・地域福祉型の放課後学習会が立ち上がった。このプロジェクトは，子どもたちの学力向上と進路実現を地域の力でサポートしようという取り組みである。しかし，学力向上も，進路実現も，プロジェクトの「ゴール」ではない。子どもたちがその後どんな進路をたどったとしても，地域の中で様々なおとなとの関係が続き，事あるごとに気にかけられ，「おせっかい」をされるような「排除のない地域」を，中学校を起点としてつくることに目的がある。

　2014年8月に閣議決定された「子どもの貧困対策大綱」では，学校を子どもの貧困対策のプラットフォームとして位置づけるとともに，学習支援事業の拡大・充実を謳っている。自立支援としての教育にますます政策的・社会的な関心が集まるなかで，エンパワメントモデルをいかに実践的に超えられるのか。重要な局面は，これからである。

　　1）　母子生活支援施設とは，児童福祉法において「配偶者のない女子又はこれに準ずる事

情にある女子及びその者の監護すべき児童を入所させて，これらの者を保護するとともに，これらの者の自立の促進のためにその生活を支援し，あわせて退所した者について相談その他の援助を行うことを目的とする」（第38条）と定められた施設である。18歳未満の子どもを養育する母子家庭，または何らかの事情で離婚の届出ができない特別な事情を抱えた女性が，子どもと一緒に入所し，生活できる施設である。

【引用・参考文献】

浅井春夫・松本伊智朗・湯澤直美編[2008]『子どもの貧困―子ども時代のしあわせ平等のために』明石書店

浅井春夫・山科三郎[2009]「対談 現代の『子どもの貧困』を解剖する―浅井春夫（立教大学教授）×山科三郎（哲学者）」『経済』第171号

岩田正美・西澤晃彦編著［2005］『貧困と社会的排除―福祉社会を蝕むもの』ミネルヴァ書房

髙橋満[2012]「若者の社会参加のポリティックス」『社会文化研究』第15号

広田照幸[2007]「教育社会学はいかに格差―不平等と闘えるのか？」『教育社会学研究』第80集

松本伊智朗[2013]「教育は子どもの貧困対策の切り札か？―特集の趣旨と論点」『貧困研究』第11号

終章 これからのノンエリート・キャリア教育の展望
▶「承認」と「参加」に向けて　　　　　　　　　　居神　浩

1 目線をより低く，より遠くへ

　序章で述べたように，本書で追究してきたのは，ノンエリート・キャリア教育に関する「現場」(いまここでの迅速・適切な対応が常に迫られる場所)からの政策論であり，より具体的には「適応」と「抵抗」の戦略論であった。大まかな青写真しか描けていない私のプランに対して，各章の執筆者の方々には「リサーチ・トピック」(厳密な調査・観察に基づく学術的な論題の提示)として，各々の論考を提起していただいた。

　私自身，「現場」からの論点提起の際に常に心がけているのは，目線が高くならないこと，そして目線が近くならないことであった。当初のプランであった「適応」と「抵抗」の戦略論に対する各々の論考を拝見するなかで気づかされたのは，それでもまだ目線が高かった，そして近かったということである。「現場」の視点で考えるというのは，とにかく，いまここでの問題解決を図るということでもある。ただそれを政策論として展開する際には，目線をより低く，そして遠くに定める必要がある。その点をもう少し具体的に述べてみよう。

　「適応」の戦略として考えていたのは，いわゆる「学び直し」の方法論であった。それはエリート競争への再参入という意味ではなく，ノンエリートとしての学びの重要性を指摘したかったからである。ノンエリート大学生の多くが抱えている課題は，大学という場に特有のものではなく，小学校から中学，高校に至るまでの問題の先送りの結果である。この点をもう少し目線を低くして考える必要がある。

　かれらは受験競争の過程で傷つき，あるいは燃え尽きたというわけではなく，ちょっとしたきっかけで「わからないこと」ができ，それがわからないまま「で

きないこと」になってしまい，さらにそれがそのままに大学まで「それでよいもの」として済まされてきたというのがリアルな現実である。「できないことができないままで良しとされてきた」という意味では，これは「スポイル」（甘やかし）と「ネグレクト」（ほったらかし）の過程であったともいえるかもしれない。

　かれらはそのことをまったく認識していないわけではない。むしろ心の奥底では常に意識しているのだが，それに直面することへの恐れを抱いているように思われる。それは自分に対する自信のなさの表れでもあるのだが，同時に自分以外の他者から「認められた」という経験のなさを物語るものでもある。認められたという経験がなければ，自分をさらに高めようとする意欲はわいてこない。つまり「承認」の経験がなければ，「適応」への一歩はなかなか踏み出せないのではないか，というのが改めて気づかされた点である。もっと目線を低くして，かれらの「認められなさ」を受け止める必要がある。これを新たに「承認の戦略論」と呼んでおこう。

　また「抵抗」の戦略として考えていたのは，まっとうでない世の中に対する「異議申し立て」の能力の涵養であった。自分にとって厳しい現実を「仕方ないもの」として受け入れてしまうかれらの心根の「やさしさ」をみるにつけ，もっと「それは違う！」といってよいことを教えたくなる。しかし，そもそもかれらは「世の中は変えられる」ということを教えられてこなかったのではないか。「社会科」の授業一般にいえることであるが，暗記科目であること，つまり現在の社会をそのままに受け入れることはいまだにあまり変わりがないように思われる。確かに最近の教科書を見てみると「わかりやすさ」に関する工夫はいろいろされているが，それは社会から個人に与えられた知識の理解にとどまり，この社会と自分との関係についてより深く理解するというところまでは達していないといわざるをえない。

　そういう意味では，目の前の理不尽さに対する異議申し立てだけでなく——これだけではまだ目線が近すぎる——社会の変革や決定の過程への参画といったより遠いところに目線を定めた新たな「抵抗」の戦略論を追究する必要があろう。つまり，社会はそこによそよそしく存在している何かではなく，自分が

そこに常に関わることができる身近な場所としてあるという意識を醸成することである。これを新たに「参加の戦略論」と呼んでおこう。

このような反省から，本書全体を2部構成にしてみた。各執筆者が共通して参照しているであろう「ノンエリート大学生に伝えるべきこと」［居神，2010］で提起した「適応と抵抗の戦略論」をそのままに追究した論考と，そこからさらに（明示的にではないが）「承認と参加の戦略論」として展開された論考とである。読者にはそういう観点から全体を読んでいただきたい。

この最後の章では，特に大学生に限定せずにノンエリートの若者たち一般への「承認と参加の戦略論」を，青写真の形ではあるが試論的に提起しておきたい。ただし，それは本書で一貫してきた現場の視点重視ということで，抽象的な理論ではなく具体的な実践論として，いくつかの取り組み事例を紹介することにしたい。

2 承認の戦略論――「サードプレイス」の創出

適応の戦略論の前提には，ノンエリートの若者たちが抱えている「わからなさ」の的確な把握があった。それは表面的には基礎学力の剥落といった形で現出するのだが，より目線を低くしてみると，そこには家庭的要因（集中して勉強できるような環境でない），経済的要因（日々の生活で精一杯で教育費までまわらない），発達的要因（学習面での生得的困難さを抱えている）など様々な要因が複合的に絡み合っている姿が現れてくる。

そういった複合的課題を抱えた若者に大学では「学び直し」という形で対応せざるをえない状況にあるのだが，まだかれらが「生徒」と呼ばれている時期に何とか対応できないのか，と常々思っているところではある（こう言っては身も蓋もないが，大学ではやや「手遅れ」の感がなきにしもあらずである）。小中高校の間にもっと「ありのままの自分」を認めてもらえるような「承認」の機会を作り出すことはできないだろうか。

この承認の機会という点で興味深いのが，アメリカの都市社会学者であるレイ・オルデンバーグが提唱する「サードプレイス」の理論である［オルデンバー

グ,2013]。オルデンバーグは,アメリカの郊外再開発都市を批判し伝統的コミュニティの再興を説くアメリカ都市研究の流れ（ジェイソン・ジェイコブズの「社会関係資本」など）のなかで,都市生活者にとって第1の場所である家庭（ファーストプレイス）,第2の場所である職場や学校（セカンドプレイス）に対して,そのいずれでもない「堅苦しくない公共的な集まりの場」(informal public gathering places) である「第3の場所」（サードプレイス）がいかに生活の活気とコミュニティの安全や秩序を支えているかを主張している。その例として,ドイツのビアガーデン,イギリスのパブ,フランスのカフェなどが挙げられている。そこには人々のストレスや孤独を癒す「安息の場所」(haven) や「避難所」(shelter) の機能があり,訳書の副題にも掲げられているように人々にとって「とびきり居心地の良い場所」(The Great Good Place) になると述べている。

日本ではそのような場所はすぐには思い当たらないかもしれないが（「居酒屋」?,「スターバックス」?,「LINE」?）,家庭や学校で十分な承認の機会を与えてこられなかった若者たちにとって,「第3の場所」による承認の機会提供という視点はなかなか興味深いものがある。実は,すでにこのような視点からの取り組み事例が報告されているので,以下に少し詳しめに紹介してみよう。

●貧困世帯生徒への＋2.5thプレイスモデル

鈴木・松田・石井［2013］は,貧困世帯の子どもたちが集中的に進学する公立普通科課題集中校の学校図書館における「交流相談」の取り組みの実践的フィールドワークを報告している。「交流相談」とは,学外から包括支援が可能な相談員が学校に出向き,生徒たちの潜在的ニーズや課題を発見し,社会的な自立を支援する新たな支援手法である。

なお,この高校は学力的には下位に位置し,県教育委員会により「中学校までの間に必ずしも持てる力を発揮できずに来た生徒を積極的に受け入れ,彼らがこれから生きていくために役立つ基礎学力や経験を積むための支援を目標とする」特別の学校の指定を受けている［鈴木・松田・石井, 2013：5頁］。

相談支援活動の概要は次のとおりである。週に1日,男女2名の相談員が同校の校内で相談支援活動を行う。2名はいずれも若者支援を行った経験を10

年程度有する。男性相談員は就労支援に強く，女性相談員は福祉領域で相談を行う臨床心理士で，生活福祉と心理的サポートを専門としている。なお，2名はいずれも地域で困窮する若者を支援するモデル事業から派遣されている。相談は個室で行われる「個別相談」と，学校図書館で生徒との日常的な交流のなかから自然に生まれる「交流相談」とがある。前者は主に公欠扱いで授業中に行い，後者は昼休みと放課後に行う［鈴木・松田・石井，2013：6頁］。

交流相談では，ニーズが明らかではない生徒と学校生活のなかで自然に交流したり，相談ニーズがある生徒が自発的に訪れる。そのなかでニーズと課題が発見され，かつ課題が深刻である場合には交流相談から個別支援へと移行する。このように交流相談には「相談機能」だけでなく，「課題発見機能」も有している［鈴木・松田・石井，2013：10頁］。

個別相談では，中退，学力，進路，就職，家族，障がい，病気，経済問題，生活保護など様々な問題が語られ，それらが複合している。それらは必ずしも学内の対応だけでは解決できるわけではないので，地域資源を利用する必要が出てくる。地域資源は，児童相談所，福祉事務所，医療機関，若者支援機関等の地域の専門機関などである［鈴木・松田・石井，2013：10頁］。

具体的な実践事例が報告されているので，以下に引用しておこう。B子はファーストプレイスである家庭は生活保護世帯で貧困状態にあり，修学旅行に行くことさえできない状況にあった。家族関係は物資的・経済的困窮以外にも様々な課題を抱え，生徒の生育歴も大変過酷であった。さらにセカンドプレイスである学校も友人とのトラブルを抱え，中退や進路未決定で孤立するリスクが非常に高い状態であった。しかしこの生徒は，1年生のときから好みの書籍を求めて頻繁に学校図書館を訪れていた。恋愛の悩みや友人関係での悩みを，学校司書に継続的に打ち明けるようになった。次第に家庭の深刻な状況が垣間見えるようになったため，学校司書が交流相談をすすめ，スタートした。日常的な交流相談と不定期の個別相談でのフォローを通じて，元気を取り戻し，何とか中退せず，学校を続けた［鈴木・松田・石井，2013：12頁］。

このような実践事例の分析を通して，鈴木らは以下のように総括している。すなわち，学校図書館での交流相談は，物理的には学内にありながら，場の性

質を異にする。つまり，学業を主体としカリキュラムに従って運営される学校という場に物理的に属しながら，性質としては地域に開かれた出入り自由なニュートラルな場で，会話を主体として遊び心もある空間として交流相談がある［鈴木・松田・石井，2013：12頁］。そしてこの交流相談による活動を，先に紹介したオルテンバーグの理論に基づいて，セカンドプレイスとサードプレイスの間にあって，地域の資源へとつないでいく「2.5thプレイス」と定義している［鈴木・松田・石井，2013：13頁］。

　この「2.5thプレイス」というモデル提起は，承認の機会提供という視点からも実に興味深い。序章で「適応と抵抗の間で」と題して，外部支援機関からの学校への「アウトリーチ」（支援の手の差し延べ）の必要性を提起しておいた。それは家庭や学校では機能的には十分解決しえない問題の克服のためのソーシャルワーク（社会福祉）的アプローチとしてであったが，これを「サードプレイス」という承認の場の創出の観点から捉え直してみてもよいかもしれない。

● 「ヒューマン・ライブラリー」の取り組み

　図書館のサードプレイス機能という視点では，最近広まりつつある「ヒューマン・ライブラリー」という取り組みも興味深い。ヒューマン・ライブラリーとは，直訳してしまうと「人間図書館」であるが，具体的には以下のような取り組みである［駒澤大学社会学科坪井ゼミ，2012：12頁］。

> リビングライブラリー（引用注：リビングライブラリーとは，ヒューマンライブラリーの旧名）では，障害のある人やホームレス，セクシュアルマイノリティなど，誤解や偏見を受けやすい人々を，「生きている本」として貸し出します。読み手は普段あまり触れ合うことのできない本を借りることで，その語り部である当事者から直接話を聞くことができ，自分の持っている固定観念に気づき，新たな視点を得る機会となります。そして「生きている本」と読者の対話を通して，多様化に対して開かれた社会の実現を目指す試みです。　　　（リビングライブラリー日本事務局の説明より）

　また，これまでの取り組み実践例としては，以下のような本が紹介されている。

・心の生きにくさを抱えた人たち—自死遺族，元薬物依存症，うつ病回復者
・身体の生きにくさを抱えた人たち—高次機能障害，全身型脱毛症，アルビノ，筋ジストロフィー
・性の生きにくさを抱えた人たち—性同一性障害，Xジェンダー，セクシュアルマイノリティ
・社会の生きにくさを抱えた人たち—難民，生活保護受給者，専業主夫

　このようにヒューマン・ライブラリーの本はこの社会における様々な「生きにくさ」を抱えた人たちである。そうした当事者の声を直接，生で聴くことによって，自分のこれまでの生き方のなかで，背負い込んできてしまった「重荷」を少し降ろしてもらえればいいと思う。もちろんこのような「生きにくさ」を聞くこと自体が「重い」と感じるようであれば，もっと身近で「普通」の生き方をしてきた人が感じてきた「生きにくさ」でもいいだろう。いずれにしても，自らの承認の基礎には，様々な人生を生きている「他者」に対する承認が欠かせない。その意味で，ノンエリートの若者たちの「承認の場」として，ヒューマン・ライブラリーの取り組みは示唆するところが大きい。

　なお，ヒューマン・ライブラリーは文字どおりの「図書館」だけでなく，まさに「サードプレイス」として社会の様々な場所（大学での実践例も多い。[駒澤大学社会学科坪井ゼミ，2012：145頁］参照）で展開しうる。大学だけでなく高校も含めて，学校と地域との連携のなかで展開していけば，日本にはこれまでなかったような，「若者たちのサードプレイス」が生まれるかもしれない。

　「現場」の感覚として，ノンエリートの若者たちの承認課題は，大学や高校といった学校（「セカンドプレイス」）だけでは解決しえないように思われる。そこは「教育」の限界なのかもしれない。もっと学校を地域に開くことによって，さらに学校と地域の様々な資源（社会福祉行政や就労支援機関などだけでなく，より広く地域住民を含めて）とが連携することによって，すなわち，「若者たちのサードプレイス」を意図的に創出することによって，かれらの承認課題が解決される方策をこれからも検討していきたい。

●そもそも「キャリア教育」とは？

　ところで，序章でいきなり本書は実質的にはキャリア教育の本ではないと宣言してしまったので，キャリア教育が本来的に担うべき役割について，これまで検討せずにきてしまった。ここで再び，日本のキャリア教育論の第一人者である児美川［2013］の解説にしたがって，そもそもキャリア教育とは何かを確認したうえで，「承認と参加の戦略論」との関係を整理してみたい。

　公式的なキャリア教育の定義とは，キャリア教育の推進に関する総合的調査研究協力者会議の報告書［2004年］によると「児童生徒一人一人のキャリア発達を支援し，それぞれにふさわしいキャリアを形成していくために必要な意欲・態度や能力を育てる教育」となる［児美川，2013：51頁］。キャリア教育を定義しているのに，「キャリア発達」を定義していないので，これではまだよくわからない。そこでキャリア発達とは何かといえば，中央教育審議会の「今後におけるキャリア教育・職業教育の在り方について」の答申（2011年）によれば，「社会の中で自分の役割を果たしながら，自分らしい生き方を実現していく過程」，「自己の知的，身体的，情緒的，社会的な特徴を一人一人の生き方として統合していく過程」となる［児美川，2013：52頁］。以上の「公式的定義」を踏まえたうえで，児美川が意訳したキャリア教育の定義は以下のとおりである。

　　社会的な存在である人は，人生の履歴において，さまざまな「役割」を引き受けながら生きていく。それは，役割を引き受けるという仕方で社会に参加し，貢献していくということである。
　　そして，そうした「役割」を担うことができるように成長すること，そのことを，自分の「生き方」として，自分の中に統合していけることが「キャリア発達」である。その「キャリア発達」のための力量形成に資するのが，「キャリア教育」である。
　　　　　　　　　　　　　　　　　　　　　　　　　　　［児美川，2013：53頁］

　この公式的定義を意訳したキャリア教育・発達の定義によれば，そのようなキャリア発達を，家庭的，経済的，発達的，社会的等様々な（本人の責任に帰することができない）要因で順調に展開できなかったのが，ノンエリートの若者たちということになろう。「さまざまな役割を引き受ける」というのは，本書の言葉でいえば「適応」の過程ということになろう。それはまたそのまま「参加」

の過程につながる。しかし、ノンエリートの若者たちにとっては、「適応」の以前に、自らの生き方に対する「承認」が十分に満たされていない。本章の冒頭で述べたように、かれらの承認欲求の水準に目線を低くした「承認のための戦略論」が必要とされる所以である。またノンエリートの若者たちには、自らの責任ではないキャリア発達の要因に対して、社会に「異議申し立て」を述べる権利があるはずである。その権利を実現するためには、「抵抗」の戦略論が必要になる。ただそれは社会の外に自らをおき続けるという意味ではなく、正統な一員として社会に「参加」するためである。したがって、かれらの社会参加の可能性の水準に目線を高くした「参加の戦略論」を検討する必要がある。

以上のように、ノンエリート・キャリア教育と「適応と抵抗の戦略」および「承認と参加の戦略」との関係を整理したうえで、残された「参加の戦略論」について、次に検討することにしたい。

3 参加の戦略論――「社会」の教科書

キャリア発達の条件として、社会への「参加」を位置づけるならば、キャリア教育のみならず（「俗流キャリア教育」は「企業社会」への参加しか考えていない）、日本の教育の過程すべてにおいて、この視点が希薄なように思われる。それは教科科目としての「社会科」の教科書を見てみると、よくわかる。例えば、義務教育課程である中学の社会の教科書を手にとってめくってみると、社会の仕組みを丁寧にわかりやすく説明する工夫が随所になされているという印象は受ける。しかし、社会とこの自分とがどう関わるのか、社会の仕組みを変えるためにはどうしたらよいのか、といった視点には決定的に欠けていると思えてならない。

この点で、序章でも少し触れたスウェーデンの中学社会の教科書は、まさに「社会」の教科書という意味できわめて示唆するところが大きい。ここでかなり詳しく、その内容を紹介してみたい（教科書自体は1994年、訳書は1997年のものなのでやや古いのだが、伝えたいのはその「精神」である）。まず、訳者によるこの教科書の特質を以下に要約的に引用しておこう。

第1に「実社会への手引き」となっている。子どもたちが，日常の社会生活を賢く，安全に送るために，いま知っているべき事柄，近い将来において必要となってくる事柄がきちんと説明されている。
　第2に社会的存在としての人間に，様々な角度から光を当てている。人は周囲の他人とのかかわりをもたずには生きていけない。その他人からは考え方や行動の上で不断に影響を受けている，と同時にこちらからも影響を与えている。
　第3に積極的な姿勢が貫かれている。恵まれない家庭環境に育った者も，犯罪を犯した者も，自分の能力に自信のない者も，何に対しても興味や関心をもてない者も，そうした状況を克服して建設的な生き方ができることを繰り返して主張している。
　第4に子どもたちが自分自身の意見をもつことを徹底して奨励している。「君自身はどう思うか，友だちの意見と比較しよう，みんなで討論しよう」が基本的な問い方である。その一方，これが模範解答だというものは，ほとんどの場合与えられていない。
　第5に社会は自分たちの手で変革できることを教えている。社会を動かしているあらゆる制度や規則は，異なった見解をもつ人々の妥協の結果として存在している。もし，より多くの支持者を獲得できるなら，それらを変えることが可能になる。この可能性を強調することを通じて，子どもたちに，社会はかれら自らがつくり変えていくものであるとのメッセージを伝えている。(『あなた自身の社会』訳者まえがき，ii–iii頁)

　この教科書（日本語訳版）は，第1章の「法律と権利」（難しい法律論ではなく，犯罪とは何か，罪を犯した人はどうなるか，といったいわば「実践論」に多くのページが割かれている）から始まって，第2章「あなたと他の人々」，第3章「あなた自身の経済」，第4章「コミューン」（この章がまさにスウェーデン社会における参画の方法論が述べられているところだが，日本とはあまりにシステムが違うので，腑に落ちる理解が難しいかもしれない），第5章「私たちの社会保障」の全5章で構成されている。そのすべてが興味深いのだが，本章の「承認と参加の戦略論」という視点から，第2章と第5章の2つほどの章に絞って，内容（とその「精神」）を紹介してみたい。

● あなたと他の人々

　この章は題名が示すとおり，「承認」について語りかけているが，内容的には「参加」の方法論についても考えを深める契機を与えている。それはこの章の第1節が「グループ」と題して，「いじめ」の問題を取り扱っているところによく現れている。

この節では最初に，1人の少年を複数の少年が取り囲んでいじめている写真が掲載されている（もちろん個人の顔はぼかしているが）。続けて以下のような問いかけが与えられている。

　　いじめはどこの学校でも起こっています。この写真を見て，あなたは何を考えますか。あなたは誰に同情しますか。その場にいたら，あなたはどうしますか。
　　ほとんどの人はいじめられている人を助けてやらねばと強く思います。しかし現実には，そこにあえて割って入ろうとする人は稀です。私たちは恐れるのです。もしそうしたら，次には自分がいじめられることにならないかと恐れるのです。いじめ手たちの目標になるのではないかとの恐れで，自分の意思に反していじめに加わる人もいます。
　　95パーセント以上の少年少女は，どんな形のものであれ，いじめに加わりたいとは思っていません。しかし，いじめのリーダーは，脅しと暴力で大きなグループの仲間たちを服従させ，支配しています。　　　　　　　　　　　　（『あなた自身の社会』44頁）

　解説として与えられているのは，グループにはグループとしての圧力が非常に大きい「権威的グループ」と，メンバーが提案や議論の大きな自由を享受している「民主的グループ」があるという情報だけである（グループの同調圧力に関する心理的実験の紹介もされている）。そのうえで以下のような課題が与えられる。

　　課　題
　　① 問題の解決にあたって，個人よりもグループの方が優れているとあなたが思う事例を挙げなさい。
　　② 問題の解決にあたって，グループよりも個人の方が優れているとあなたが思う事例を挙げなさい。
　　③ 何故，いじめがあるとあなたは思いますか。
　　④ どういう人が，いじめられるのだと思いますか。
　　⑤ どういう人がいじめるのだと思いますか。
　　⑥ いじめを防ぐには，どうしたらよいとあなたは思いますか。
　　⑦ いじめられている人をどうしたら助けられるでしょう。いじめている人をどうしたら止められるでしょう。
　　⑧ グループ圧力といじめを止めようとしないこととの間には，関連があると思いますか。　　　　　　　　　　　　　　　　　　　　　　（『あなた自身の社会』47頁）

いじめは洋の東西を問わず，学校教育の大きな問題である。しかし日本ではなぜか，これは学校教育に関わる「おとな」の責任問題としてしか論じられていない。そこには問題の「当事者」であるはずの「子どもたち」による主体的解決の道筋というのがまったくみえてこない。学校という「小さな社会」において，子どもたち自身が自らの「社会」に起きている問題をどのように解決すべきか，この教科書は大事な考えるきっかけを与えてくれている。

　大学の「現場」で学生と日々接していると，高校までの間に受けたいじめの経験を引きずっている学生が少なくないことに気づかされる。大学という比較的集団性の弱い空間で自分を取り戻す学生もいれば，そのような空間であるからこそさらに孤立を深めてしまう学生もいる（さらには運悪く，いじめの当事者が同じ大学に入学してきて，高校のいじめがそのまま続く場合もある）。私自身，特効薬的な解決法を思いついているわけではないが，少なくともいじめの問題というのは，承認と参加の戦略論上，重要な応用問題であることを主張しておきたい（この点で大変示唆的なのが，［森田　2010］である。この問題に関心をもっている方はぜひ参照していただきたい）。

　この節に続けて，第2節「なに者かでありたい」，第3節「役割と役割間の葛藤」とあり，第4節「私たちには，自分で思っているより能力がある」が承認の戦略論を考えるうえでのまさに要点となるところである。この節では最初に，いろいろな人が山登りに挑んでいるイラストが示されている。山のふもとの方には「何をやりたいか思いつかない」人が寝そべっている。その少し上の方には「練習を始めよう。そうすればできるようになる」と岩に登り始めている人がいる。しかし途中で「私にはわかっていたわ。私は何もできない！」，「ここに座っていよう」とあきらめかけている人たちもいる。山の頂上の直前には「みんなにちゃんと見せてやる」と最後の奮起をしている人がいる。このイラストに続けて，以下のような文章が示される。

　　私たちにとって重要なのは，他人の評価だけではありません。私たち自身の，自分に対する期待も同様に大事なのです。この絵を見てみましょう。大勢の人が山に登っています。それぞれが自分に対する異なった期待をもっています。ある人は自信を持ち，ある人は自分の能力を信用していません。一部の人々は恐れていたり失敗して笑

われないために低い所にいますし，他の人々は，参加しないことの何らかの理由を見つけたようです。　　　　　　　　　　　　　　　　　　（『あなた自身の社会』54頁）

本文では「自分を信じる」ことについての簡単な法則が説明され，すぐ後に以下の課題が与えられている。

【課　題】
① どうして世の中の多くの人は，自信をもてないのだと思いますか。
② 他の人に自信をもたせるには，どうしたらいいと思いますか。
③ 自分自身の自信を高めるには，どうしたらいいと思いますか。
④ この絵をよく見てみましょう。そして以下の質問を考え，討論しましょう。
　a．あなたはどの人物に一番似ていますか。
　b．あなたは楽天派ですか悲観派ですか。それはどうしてですか。
　c．あなたは「山登り」の中のどの辺りにいますか。　（『あなた自身の社会』55頁）

「適応」の戦略がそのままではなかなかうまくいかないことの背景には，ノンエリートの若者たちが意識的にか無意識的にか抱いている適応への「恐れ」や「不安」があるように思われる。この「恐れ」や「不安」をどのように和らげ，解消していくかが，承認の戦略に課せられた課題であろう。この教科書では，それを単に自己の内面に問いかけるのではなく，同じような思いを抱いている「仲間たち」と話し合うことを呼びかけているところに実践上の大きな意味がある。

●私たちの社会保障

序章では抵抗の戦略として，「異議申し立て力」の涵養を掲げ，具体的には労働に関する権利教育の実践を検討してみた。これをより広く社会への参加の戦略として展開する場合には，「社会保障」教育の検討が必要なように思われる。

この点について，スウェーデンの中学社会の教科書では，1章をまるまる社会保障にあてている。取り上げている項目が大変興味深いので，以下にそのまま引用する形で紹介しておこう。

① スウェーデンの子どもたち
　安全な出産　私たちの健康は管理されている　たくさんの子どもが養子です
② 児童福祉
　保育園に対するいろいろな意見
③ 家庭での生活
　結婚は対等な人間間の契約です　結婚をしないで一緒に住んでいる人も多い　同性愛者は結婚できない　国とコミューンは家族政策を実施している　子どものいる家族へのさまざまな援助　子どもと家族
④ 離　婚
　子どもはこんなふうに離婚を体験した　子どもを親から引き離す
⑤ 病気になったら
　全ての国民への健康ケアーと医療　医療保険　どんな医療を望むか
⑥ たくさんの障害者がいる
　障害者とはどういうことか　障害者の昔と今
⑦ 仕事を失う人もいる
　失業者となること　最も脅威にさらされているのは若者だ　スウェーデンでは失業率は低い　労働環境の悪さ　怪我と病気
⑧ 特別な援助が必要なこともある
　社会委員会への１つの問題　社会サービス関係職員の任務　社会援助—最後の選択肢
⑨ 老人になる
　活動的で，元気な年金者　しかし，孤独も病気もある　老人はどう生活しているか　西暦2000年の高齢者福祉
⑩ 社会的安全のネット

　ここでも同じく「あなた自身の社会」という視点が徹底している。子どもたちは，自分たちの社会がどのような仕組みなっているのか，ただ単に覚えるのではなく，そのことについて「自分自身はどう思うのか」という問いを常に課せられる。そして，自分の意見と友達の意見と比べながら，討論することが奨励されている。例えば「家庭での生活」の章では，（日本でもある時期，ちょっと有名になった）アメリカの家庭教育学者のドロシー・ロー・ノルトの「子ども」という詩を題材にこんな課題を与えている。

子 ど も　　ドロシー・ロー・ノルト

批判ばかりされた　子どもは
非難することを　おぼえる

殴られて大きくなった　子どもは
力に頼ることを　おぼえる

笑いものにされた　子どもは
ものを言わずにいることを　おぼえる

皮肉にさらされた子どもは
鈍い良心の　もちぬしとなる

しかし，激励をうけた　子どもは
自信を　おぼえる

寛容にであった　子どもは
忍耐を　おぼえる

賞賛をうけた　子どもは
評価することを　おぼえる

フェアプレーを経験した子どもは
公正を　おぼえる

友情を知る　子どもは
親切を　おぼえる

安心を経験した　子どもは
信頼を　おぼえる

可愛がられ　抱きしめられた　子どもは
世界中の愛情を　感じとることを　おぼえる

(『あなた自身の社会』155頁)

【課　題】あなたは，詩「子ども」のどこに共感しますか。激励や賞賛が良くないのはどんなときですか。この詩は，大人にたいして無理な要求をしていませんか。両親が要求にたいして応え切れないのはどんなときか，例を挙げましょう。

(『あなた自身の社会』154頁)

　日本の「道徳」の教科書だと，「どこに共感しますか（あるいは共感しましょう）」で終わってしまいそうなところだが，それで終わらないのが，社会の教科書として優れているところである。この教科書では続けて「離婚」が取り上げられ，そのなかで社会福祉機関が親と子どもを引き離すべきとの決定を行うことについての，詳しい説明がされている。さらにそのような説明だけに終わらず，このような強制的措置についてどのような賛成・反対の議論があるかを考える課題が与えられている，という具合に「自分自身の社会」として考える姿勢が徹底している。

　繰り返すが，この教科書の最大の特徴は，自分や他者に対する承認の意識を高めたり，人生の途中の様々な局面における困難に対して社会全体として保障する仕組みを学んだりするだけでなく，その社会の仕組み自体を自分たちで，しかもお互いの立場を尊重しながら，変えていけることができることを若者たちに積極的に伝えていこうとしている点にある。若者を社会の主体として育てる視点こそ，参加の戦略論の要諦であることをいま一度確認しておきたい。

4 ┃ 政策論としての見通し ── 「若者政策」への展開

　さて最後に，学校現場でのノンエリートに対するキャリア教育を社会の若者に対する政策として展開していくために定めておくべき視点について検討して，本書全体のまとめとしておこう。

　先に述べたように，そもそもキャリア教育が，人生の過程において様々な「役割」を引き受けながら「社会」に参加し貢献していく力量を育成・支援することを目的とする営為であるとするならば，役割を「仕事」だけに限定したり，社会への参加・貢献を「企業社会」だけを対象にしたりするのは，視野があまりに狭すぎるといわざるをえない。

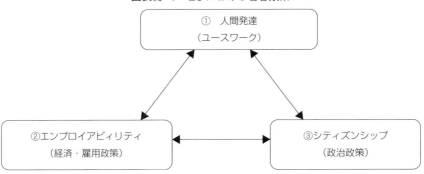

図表終-1　EUにおける若者政策

出所：[宮本，2006]

　確かにノンエリートの若者たちにとっての適応の戦略とは，まずは仕事役割への適応であり，企業社会への参加を促すものとして始めなければならないという側面はある。ただノンエリートにとっては，仕事役割だけへの適応，企業社会のみへの参加というのは，必ずしも現実的な戦略ではない。企業社会そのものが，かれらを「正統な構成員」として承認するとは限らないからである。本書の立場はその可能性を十分に踏まえたうえで，ノンエリートがノンエリートとしての「矜持」（自分自身に対する誇り）を保ちうるための戦略を，「抵抗」「承認」「参加」といった各側面から追究することであった。この立場からもう少し具体的な若者全体に対する戦略論を展開してみたい。

　この点で非常に示唆があるのは，宮本みち子の若者政策に関する一連の研究である。例えば宮本［2006］［2012］は，若者が青年期を経て成人に至る過程で直面する課題を，①安定した職業生活の基礎固め，②親の家を出て独立した生活基盤を築く，③社会のフルメンバーとしての権利を獲得し義務を果たす，④社会的役割を取得し，社会に参画する，などに整理したうえで，グローバル競争の激化や少子化社会の進展，若者雇用の悪化などによって，これらの課題を克服することがきわめて困難になっていることを指摘する。そして，そのような時代状況にあって，成人期への移行を支援する社会政策として，以下の3つの領域における政策展開を主張している。すなわち，第1に青少年・若者の地域活動領域での「人間発達」，第2に若年者雇用の領域での「仕事に就ける能

力の育成」と労働市場政策，第3に若者を権利と義務を有する「シティズン」として保障すること，である（図表終-1参照）。

　実はこれらの政策領域は，日本に先駆けて若者の問題が社会問題化したヨーロッパ（EU）における若者政策の基本方針でもある。ヨーロッパより遅れて若者の社会問題が発生した日本でも2010年4月に「子ども・若者育成支援推進法」が施行され，さらに同年7月には同法に基づいた具体的な政策展開として「子ども・若者ビジョン」が制定されている。この「ビジョン」では，5つの理念として，①子ども・若者の最善の利益を尊重すること，②子ども・若者はおとなとともに生きるパートナーであること，③自己を確立し社会の能動的形成者となるための支援を行うべきこと，④子ども・若者一人ひとりの状況に応じた総合的な支援を社会全体で重層的に実施すること，⑤おとな社会のあり方自体を見直すべきこと，を定めたうえで，3つの重点課題として，①子ども・若者が生き生きと幸せに生きていく力を身につけるための取り組み，②困難を有する子ども・若者やその家族を支援する取り組み，③地域における多様な担い手の育成，を掲げている。

　本書で追究してきた戦略論に照らし合わせてみれば，「エンプロイアビリティ」を目標に掲げる「経済・雇用政策」は「適応の戦略」に，「人間発達」を目標に掲げる「ユースワーク」の政策は「承認の戦略」に，「シティズンシップ」を目標に掲げる「政治政策」は「抵抗と参加の戦略」に，それぞれ重ね合わせることができよう。このうち「シティズンシップ」，すなわち「市民性の育成」の戦略論については，ある程度具体的な実践論（労働法教育やスウェーデンの中学社会教科書など）を紹介してみた。人間発達を目標に掲げるユースワークとここで紹介した承認の戦略（サードプレイスの創出）とは重なるところもあるが，定義上重ならない部分もあるので，少し解説を加えておこう。

　「ユースワーク」とは，青少年や若者に対する様々な支援活動を包摂する概念であり，その発祥の地であるイギリスのユースワーク専門職の養成機関では，次のように定義している［松井，2006：4頁］。

　　ユースワークの目的は，若者の個人的および社会的成長と彼らの社会的包摂である。

ユースワークは，若者が，享楽（enjoyment），挑戦，学習および達成（achievement）を統合した非公式の教育的活動を通して自分自身，他者および社会について学ぶことを援助する。ユースワークは，さまざまな形式のすべてにおいて，すなわち，知的，身体的，感情的，および精神的なすべての形式において，若者の幸福（wellbeing）と成長を提供する。

　このように，ユースワークは「社会的に未成熟な子ども（若者）」が「社会的に自立した大人」（市民）になることを目標とする点において，ここで紹介したような「問題の解決や軽減」（例えば，「2.5thプレイス」づくりの取り組み）を目標とする「ソーシャルワーク」のアプローチとは異なる。ただ両者は決して相反するものではなく，前者が後者を包括する概念であると把握するのが妥当であろう。つまり，ノンエリートに特有の問題の解決や軽減を目指す「ソーシャルワーク」のアプローチを中核としながら，社会的に自立した市民の育成を目指す「ユースワーク」の精神を基本方針として，より包括的な政策への志向性を追究すべきであろう。

　このような政策の志向性は，日本でも2010年代の初めにその萌芽がみえ始めたが，政権交代を転機に，逆方向への志向が色濃くなりつつあるようである。濱田［2012］はこの点を，若年就労支援政策において，「社会的支援の提供と共生社会」を目指す民主党の政策志向と，「自助努力と自己責任」を基調として「職業能力開発」を重視する自民党政権の政策志向とを対比させながら，若者たちの「参加と承認」を促進させようとした民主党の政策志向を一定程度評価しつつも，「多元的な承認の場を創出する動きは弱かった」と論じている。

　「仕事役割」へのコミットメントと「企業社会」への参加によって，承認の意識を満たすことができるのが「エリートの若者たち」であるとするならば，「ノンエリートの若者たち」には仕事役割と企業社会以外に「多元的な承認の場」が必要とされるであろう。

　本書で一貫して追究してきたのは，このような「ノンエリートの若者たちにとっての多元的な承認の場」を創出するための「現場の実践論」であり，より「包括的な政策論」であった。これからも現場の実践論を「リサーチ・トピック」として社会に問いかけながら，それが無駄にならないための政策論を「ユース

ワーク」の観点から追究し続けていきたい。本書はそのような編者の思いに対して共鳴してくれた様々な立場の方々（研究者以外の方々にも積極的にお声かけをさせていただいた）の「レスポンス」をまとめたものである。今度は私がさらに「ノンエリートのための若者政策論」に向けてレスポンスを行う番である。

【引用・参考文献】

アーネ・リンドクウィスト，ヤン・ウェステル［1997］『あなた自身の社会－スウェーデンの中学教科書』（川上邦夫訳），新評論

駒澤大学社会学科坪井ゼミ編著［2012］『ココロのバリアを溶かす―ヒューマンライブラリー事始め』人間の科学新社

児美川孝一郎［2013］『キャリア教育のウソ』（ちくまプリマー新書）筑摩書房

鈴木晶子・松田ユリ子・石井正宏［2013］「高校生の潜在的ニーズを顕在化させる学校図書館での交流相談―普通科課題集中校における実践的フィールドワーク―」『生涯学習基盤経営研究』第38号

濱田江里子［2013］「自立支援から社会的支援の提供へ：自民党政権と民主党政権における若年就労支援政策の比較」『上智法学論集』第57巻第1・2号

松井裕次郎［2009］「ユースワークと若者自立支援―青少年総合対策推進法と今後の課題」『調査と情報』（国立国会図書館）第642号

宮本みち子［2006］「EUにおける若年者雇用と若者政策」樋口美雄・財務省財務総合政策研究所編著『転換期の雇用・能力開発支援の経済政策―非正規雇用からプロフェッショナルまで』日本評論社

宮本みち子［2012］「成人期への移行モデルの転換と若者政策」『人口問題研究』第68巻第1号

森田洋司［2010］『いじめとは何か―教室の問題，社会の問題』（中公新書）中央公論新社

レイ・オルデンバーグ［2013］『サードプレイス―コミュニティの核になる「とびきり居心地よい場所」』（忠平美幸訳）みすず書房

あ と が き

　本書は実に難航を極めたうえでの出版であった。そもそものスタートは5年以上も前に勤務校外の研究協力者2名との共著のかたちで刊行する計画であった。しかし，私の勤務校での役職上の業務や，健康上の問題等も相まって，何度も計画は頓挫してしまった。計画どおりに原稿を提出してくれた研究協力者には本当に申し訳ない限りである。また，当初の出版計画を快くお引き受けいただいた法律文化社の田靡純子氏には，計画頓挫の度に多大なご迷惑をおかけしながらも，今回の刊行まで実に寛大なご了解と暖かいご支援をいただいてきた。いくら感謝しても，感謝し尽くせない。

　本書は実に多くの方々からの「援助の手」によって成り立っている。執筆者は当初の（私を含めて）3名から，10名に広がった。しかも大学の研究者だけでなく，大学教育とは直接の関わりをもたない方々（研究論文を書くという大学教員の仕事を本職の仕事とはしていない方々）にも多くを助けていただいた。二つ返事で私からの依頼に応えてくださった執筆者の皆さんに改めて感謝申し上げる次第である。

　ところで，今般の出版はもしかしたら大学教員の新たな「キャリア」を示すものになるかもしれないとも思っている。広義のキャリアという言葉に即して言えば，大学教員は，まずは専門領域における「研究者」として，そして所属している大学における「教育者」として，さらには家庭や地域における「生活者」として，自らのキャリアを形成する。ところが最近の大学業界における状況は，熾烈な大学間生き残り競争のなかで，大学教員のキャリア形成における「葛藤」を余儀なくさせている。「世間」（社会の一般的な論調）は大学教員の多くにもはや「研究者」であることは求めず，もっぱら就職に役立つことだけを教える「教育者」であることを求め，それを「生活者」として受け入れざるをえないところまで来てしまっているからである。

しかし，大学教員として目の前にいる若者たちに伝えるべきことは，そのような葛藤を突き抜けたところにあるはずである。世間の「逆風」に抗して，大学教員としての矜持を若者たちに示すことこそ，最良のキャリア教育なのかもしれない。

　なお本書は神戸国際大学学術研究会の研究助成を得ている。大学生き残りという世知辛い世の中にあって，まだ学問の自由が保障されていることに感謝したい。

2015年1月（戦後70年目の最初の月に）

編　者　居神　浩

ノンエリートのためのキャリア教育論
――適応と抵抗そして承認と参加――

2015年2月25日　初版第1刷発行

編著者	居神　　浩
発行者	田靡　純子
発行所	株式会社　法律文化社

〒603-8053
京都市北区上賀茂岩ヶ垣内町71
電話075(791)7131　FAX 075(721)8400
http://www.hou-bun.com／

＊乱丁など不良本がありましたら、ご連絡ください。
　お取り替えいたします。

印刷：西濃印刷㈱／製本：㈱藤沢製本
装幀：仁井谷伴子
ISBN 978-4-589-03654-4
Ⓒ2015 Kou Igami Printed in Japan

JCOPY　〈(社)出版者著作権管理機構　委託出版物〉
本書の無断複写は著作権法上での例外を除き禁じられています。複写される
場合は、そのつど事前に、(社)出版者著作権管理機構（電話03-3513-6969、
FAX03-3513-6979, e-mail: info@jcopy.or.jp）の許諾を得てください。

林 祐司著
正社員就職とマッチング・システム
―若者の雇用を考える―
A5判・182頁・3200円

正社員としての就職が困難な不況期に，企業が求めるものは何か，その支援に必要なものは何かを調査結果から明らかにする。「就活」に励む学生の自己分析に，大学のキャリア担当者，就職支援に携わる者たちに必携の書。

伊藤大一著
非正規雇用と労働運動
―若年労働者の主体と抵抗―
A5判・210頁・3900円

不安定な条件に不平不満をもつ若者がなぜ労働組合に加盟し，運動という「抵抗」をしたのか。徳島県の請負労働者組合の7年にわたる丁寧な調査をもとに，その実態に迫り，分析・考察する。「新しい社会像」を作りだす主体を探る。

大森真紀著
世紀転換期の女性労働
1990年代〜2000年代
A5判・256頁・3900円

性別と正規・非正規雇用の二重の格差が凝縮する女性雇用は改善されたか。バブル経済の最中からリーマン・ショック後までの20年間の，規制緩和政策や均等法の動き等を丁寧に検証・考察し，労働政策と労働市場における女性の位置づけを確認する。

岩佐卓也著
現代ドイツの労働協約
A5判・228頁・3900円

労働条件決定システムの重要な要素であり，労使関係を端的に表す労働協約をめぐるドイツの「困難の歴史」を展開。様々なアクターの認識や判断を具体的に追跡し，「労働組合の力」を描出する。

乗杉澄夫・岡橋充明著
ホワイトカラーの仕事とキャリア
―スーパーマーケット店長の管理―
A5判・150頁・2800円

管理を軸に，仕事と求められる能力，能力形成のプロセスを明らかにする。店長，人事・総務・営業部門の本社スタッフへの聞き取り，アンケート，人事関係資料から，仕事を管理され／管理することの両面を描きだす。

ネイザン・H・アズリン／ヴィクトリア・A・ベサレル著／津富 宏訳
キャリアカウンセラーのためのジョブクラブマニュアル
―職業カウンセリングへの行動主義的アプローチ―
B5判・204頁・2500円

失業者の増大に苦しんだ米国において，圧倒的な効果をあげたジョブクラブの手法を解説。これまでの職業カウンセリングに革新をもたらす本書は，就職支援にかかわるすべての人に必読。働きたいけれど何をしたらよいかわからないあなたにも示唆にとんだ一冊。

―法律文化社―

表示価格は本体（税別）価格です